PAUL **FAUCHILLE**   NICOLAS **PO**

Directeur de la *Revue générale de*   Professeur de Droit
Droit International public   à l'Université de
Associés de l'Institut de Droit International.

Manuel de la Croix-Rouge

À l'usage des Militaires de terre et de mer et des Sociétés de secours aux blessés

Lettre-Préface de M. Louis RENAULT

Membre de l'Institut de France

Professeur à la Faculté de Droit de Paris et à l'École libre des Sciences politiques
Rapporteur des Conventions de la Croix-Rouge de 1899, de 1906 et de 1907.

*(Honoré de souscriptions par le Comité International de
la Croix-Rouge et p   lusieurs Sociétés de secours aux blessés)*

>⊀

PARIS

SOCIÉTÉ FRANÇAISE D'IMPRIMERIE ET DE LIBRAIRIE

ANCIENNE LIBRAIRIE LECÈNE, OUDIN ET Cⁱᵉ

15, Rue de Cluny, 15

1908

MANUEL DE LA CROIX-ROUGE

Paul **FAUCHILLE** Nicolas **POLITIS**

Directeur de la *Revue générale de* Professeur de Droit International
Droit International public à l'Université de Poitiers

Associés de l'Institut de Droit International.

Manuel de la Croix-Rouge

A l'usage des Militaires de terre et de mer et des Sociétés de secours aux blessés

Lettre-Préface de M. Louis RENAULT

Membre de l'Institut de France

Professeur à la Faculté de Droit de Paris et à l'École libre des Sciences politiques

Rapporteur des Conventions de la Croix-Rouge de 1899, de 1906 et de 1907.

(Honoré de souscriptions par le Comité International de la Croix-Rouge et par plusieurs Sociétés de secours aux blessés)

>|<

PARIS

SOCIÉTÉ FRANÇAISE D'IMPRIMERIE ET DE LIBRAIRIE

ANCIENNE LIBRAIRIE LECÈNE, OUDIN ET Cie

15, Rue de Cluny, 15

1908

Lettre-Préface

MES CHERS AMIS,

J'ai applaudi à votre projet d'exposer d'une manière sommaire ce que doivent savoir ceux qui sont appelés à secourir en temps de guerre les blessés et les malades placés sous la protection de la Croix-Rouge. Vous n'aviez pas besoin de recommandation auprès du public. Votre compétence en matière de droit international est suffisamment attestée par les travaux remarquables que vous avez publiés l'un et l'autre. Vous avez, une fois de plus, voulu être agréables à votre ancien professeur en vous réclamant de lui pour la propagation d'une œuvre qui a depuis longtemps ses sympathies. Je vous en remercie sincèrement. Le rapporteur des Conventions de 1899, de 1906 et de 1907 est heureux de constater que les textes à la rédaction desquels il a coopéré ont été commentés par vous avec tant d'exactitude et de clarté. Vous avez su écarter toute discussion inutile et dire, sous une forme concise, tout ce qui était nécessaire. C'est l'exposé le plus au courant, puisque même la Convention du 18 octobre dernier est analysée.

Je souhaite vivement que votre petit Manuel se répande et atteigne son but. Vous aurez fait en même temps un bon livre et une bonne action. Nombreux sont ceux qui ont intérêt à connaître d'une manière précise la situation faite aux blessés et aux malades, à ceux qui les soignent, aux établissements, mobiles ou non, où ils reçoivent assistance. Il est indispensable que chacun connaisse son devoir et tout son devoir, et cela dès le temps de paix. Un entraînement moral est nécessaire aussi bien qu'un entraînement physique. Je voudrais pour cela que votre livre servît de base à un enseignement oral très simple qui ferait connaître à chacun ce qu'il doit faire et ce qu'il ne doit pas faire, et cela dans son propre intérêt. Il faut surtout que le personnel protégé se rende bien compte que, s'il a des immunités, c'est pour un but spécial dont il ne doit pas s'écarter et qu'il commet un acte de félonie s'il en abuse. C'est parce que le devoir peut être pour lui très délicat dans certaines circonstances, parce qu'on peut être facilement tenté de se laisser détourner de la seule voie droite sous des préoccupations très honorables, que les rédacteurs de la Convention de 1906 ont tenu à mettre en relief la nécessité d'instruire le personnel protégé de ses obligations spéciales. Ce n'est pas seulement à sa charge qu'il y a des obligations ; mais, comme les siennes peuvent être plus difficiles à concilier avec les sentiments patriotiques, une éducation spéciale a paru particulièrement nécessaire. C'est pour cela que mes vœux sont pour la diffusion de votre livre parmi les Sociétés de secours, dont le personnel,

animé d'un zèle si charitable, ne demande qu'à connaître son devoir.

Je pense enfin que vous avez pleinement démontré
que les dispositions des Conventions de Genève et
de la Haye, bien que dictées par la charité, ont
tenu un compte suffisant des exigences militaires et
qu'ainsi aucune excuse ne saurait être invoquée par
ceux qui les méconnaîtraient. Espérons donc que
tous, instruits de leurs droits et de leurs devoirs,
s'y conformeront scrupuleusement et montreront
que, sous l'égide de la Croix-Rouge, le droit et la
charité peuvent avoir satisfaction, même au milieu
des cruautés de la guerre.

Ce sera un honneur pour vous, mes chers Amis,
d'avoir contribué à mieux faire connaître des Conventions d'une inspiration si élevée et, par suite, à
mieux en assurer l'observation, la violation de la loi
étant souvent due autant à l'ignorance qu'au mauvais vouloir.

Votre affectueusement dévoué,

Louis RENAULT.

INTRODUCTION

La guerre a subi, au cours des siècles, des transformations profondes. Elle a cessé d'être une lutte entre peuples, poursuivie à outrance et sans merci, pour devenir une relation entre Etats, soumise à des lois qui restreignent la liberté des belligérants. Elle n'a plus lieu qu'entre forces organisées et par les seuls moyens nécessaires à la soumission de l'ennemi. Tout ce qui ne concourt pas directement à cette fin, qui est le but et la raison d'être de la guerre, est formellement interdit.

Même ainsi limité, le mal que les belligérants peuvent se faire est encore trop grand et trop affreux. La guerre occasionne à ceux qui combattent des souffrances considérables et terribles. Devant elles, on se sent pris d'une juste et irrésistible pitié pour les principales victimes du plus sacré des devoirs. Ce sont des soldats que les blessures ou la maladie ont transformés en êtres inoffensifs qui doivent être soustraits aux rigueurs immédiates de la guerre, car le mal que l'ennemi leur causerait serait désormais condamnable, parce qu'inutile. Ce sont de pauvres êtres humains qui doivent être secourus dans la mesure compatible avec les nécessités de la lutte, car nulle souffrance plus que la leur ne mérite d'être soulagée.

Cette idée, si naturelle, n'a pénétré cependant dans la conscience du monde civilisé qu'après de longs siècles de carnages.

De bonne heure, il est vrai, les Etats ont senti qu'un

1

intérêt de conservation de leurs forces comme un devoir moral envers leurs soldats blessés ou malades leur imposaient l'organisation d'un service de santé pour les militaires en campagne. En France, l'origine de cette institution remonte au règne de Louis XI. Des ministres, comme Sully, Richelieu, Louvois, ont contribué à l'organiser ; des médecins, comme Ambroise Paré, André Vesale, Larrey, s'y sont illustrés. Mais pendant longtemps ce service officiel fut d'une déplorable insuffisance. Il en était encore ainsi au milieu du xixᵉ siècle. Au cours de la guerre de Crimée, on a constaté, après la bataille de Malakoff, que les alliés ne disposaient que de 80 médecins d'ambulances pour 14.447 blessés !

De bonne heure aussi il a été reconnu, entre belligé-rants civilisés, que chacun d'eux ne devait pas se borner à recueillir et à soigner ses propres blessés, mais qu'il avait le devoir moral de respecter et de secourir les blessés de l'ennemi laissés sur le champ de bataille. Déjà, du temps des Romains, on disait que l'ennemi blessé devait être considéré comme un frère. Et c'est pour accomplir ce devoir d'humanité que, dès le moyen âge, les généraux avaient pris l'habitude de conclure, au début ou au cours d'une campagne, des conventions par lesquelles ils s'engageaient à respecter et à soigner mutuellement leurs blessés et à couvrir de leur protection le personnel sanitaire. Mais ces accords, d'ailleurs temporaires, mal connus des hommes, étaient mal observés. Et la bonne volonté des chefs d'armées restait impuissante, faute de moyens d'exécution. Déjà insuffisant pour secourir les blessés nationaux, le service de santé n'offrait pas de ressources pour les soins à donner aux blessés de l'ennemi.

Des propositions généreuses en vue d'arriver à un accord international, faites dès la fin du xviiiᵉ siècle, passèrent inaperçues. Cependant le développement des effectifs et le perfectionnement des engins de destruction, en mettant en présence des masses considérables d'hommes et en rendant la guerre plus meurtrière, réclamaient impérieusement une meilleure organisation de l'assistance des blessés et malades. Les défauts du système, déjà aperçus au cours de la guerre de Crimée, devinrent éclatants pendant la campagne d'Italie en 1859. On vit, notamment à Solférino, périr plusieurs milliers de blessés, faute de soins.

Aussitôt, et presque en même temps en France et en Italie, des philanthropes attirèrent l'attention du monde civilisé sur un état de choses si lamentable. En France, Henri Arrault et, en Italie, le Dr Palasciano réclamèrent la reconnaissance internationale de l'inviolabilité du personnel et du matériel sanitaires, ainsi que leur augmentation illimitée. Mais c'est de Genève que partit le véritable cri d'alarme. Il fut jeté par Henri Dunant, dont le nom reste désormais inscrit parmi ceux des bienfaiteurs de l'humanité. Dans une célèbre brochure de 1862 : *Un souvenir de Solférino*, il donna une poignante description des souffrances des blessés abandonnés ou mal soignés, et il montra que le moyen le plus prompt et le plus sûr de porter remède à l'insuffisance du service officiel de santé était de permettre à l'initiative privée d'organiser des associations volontaires de secours aux blessés et aux malades.

L'écrit d'Henri Dunant eut un retentissement énorme. Et son idée, recueillie par la *Société genevoise d'utilité publique*, présidée par M. Gustave Moynier, ne tarda pas à être réalisée. Grâce aux efforts combinés de Dunant et de la Société genevoise, encouragés par de puissantes influences, une Conférence internationale, composée des représentants d'un grand nombre d'Etats (1), des délégués de plusieurs Sociétés charitables et de quelques amis de l'humanité, fut tenue, sans caractère officiel, à Genève, en

(1) Seize, savoir : Autriche, Bade, Bavière, Espagne, France, Grande-Bretagne, Hanovre, Hesse, Italie, Pays-Bas, Prusse, Russie, Saxe, Suède et Norvège, Suisse, Wurtemberg.

octobre 1863. Elle décida la création dans chaque pays d'un Comité de secours et demanda, avec la protection de ces Comités par les Etats, l'adoption d'un signe distinctif pour les infirmiers et les formations sanitaires, ainsi que l'inviolabilité des blessés, du personnel et du matériel sanitaires.

Ce fut la Société genevoise, par sa Commission administrative à laquelle elle donna le nom de *Comité international*, qui entreprit de gagner la diplomatie aux vœux émis par la Conférence. Ses démarches furent couronnées du succès espéré. Sur l'invitation du gouvernement suisse, une Conférence officielle fut tenue à Genève l'année suivante. C'est de ses travaux qu'est sortie la célèbre Convention de la Croix-Rouge, signée à Genève le 22 août 1864. Elle transformait en obligations juridiques internationales les devoirs moraux de secours et de protection des militaires blessés ou malades en campagne. Signée d'abord par douze Etats européens, cette Convention a été progressivement adoptée par presque toutes les nations civilisées. Elle lie aujourd'hui quarante-sept Etats (1).

Cependant, tout en réalisant un grand progrès, l'œuvre de 1864 restait à différents égards imparfaite.

Tout d'abord elle offrait une lacune importante : elle n'avait trait qu'à la guerre terrestre et laissait complètement en dehors de ses prévisions la guerre maritime. L'expérience montra bientôt combien il était nécessaire de combler cette lacune.

(1) Voici la liste alphabétique de ces Etats : Allemagne, Argentine (République), Autriche-Hongrie, Belgique, Bolivie, Bulgarie, Chili, Chine, Colombie, Congo, Corée, Cuba, Danemark, Dominicaine (République), Equateur, Espagne, Etats-Unis d'Amérique, Etats-Unis du Brésil, Etats-Unis mexicains, France, Grande-Bretagne, Grèce, Guatémala, Haïti, Honduras, Italie, Japon, Luxembourg, Monténégro, Nicaragua, Norvège, Panama, Paraguay, Pays-Bas, Pérou, Perse, Portugal, Roumanie, Russie, Salvador, Serbie, Siam, Suède, Suisse, Turquie, Uruguay et Vénézuéla.

C'est l'insuffisance du service officiel de santé pendant la campagne d'Italie qui avait provoqué, en 1863, la propagande d'Henri Dunant et l'initiative de la Société genevoise pour une œuvre internationale d'assistance aux blessés militaires ; ce fut la bataille de Lissa, entre les flottes autrichienne et italienne, dans laquelle un grand nombre de naufragés périrent faute de secours, qui détermina, en 1866, un mouvement en faveur de l'extension de l'Acte de Genève aux luttes navales. Dirigé par le Comité international de Genève et son dévoué président, M. Gustave Moynier, avec l'appui du gouvernement italien, ce mouvement aboutit à la réunion, à Genève, en 1868, d'une nouvelle Conférence diplomatique. Il en sortit, à la date du 20 octobre 1868, un « projet d'Articles additionnels à la Convention du 22 août 1864 » dont plusieurs réglementaient la protection du service de santé dans les guerres maritimes. Mais ce projet n'obtint pas la ratification des gouvernements intéressés.

Il fallut l'apparition de guerres maritimes importantes, comme celle de 1894-1895 entre la Chine et le Japon, et surtout celle de 1898 entre l'Espagne et les États-Unis, pour décider les nations à s'occuper d'une manière efficace du sort des marins blessés ou naufragés. Ce fut à la Conférence de la Haye de 1899, réunie sur l'invitation du Tsar Nicolas II, que la question fut examinée et résolue par la Convention du 29 juillet 1899, qui a étendu à la guerre maritime les principes de la Convention de Genève de 1864. Signée et ratifiée par toutes les puissances représentées à la Haye, elle a recueilli l'adhésion d'un certain nombre de pays. Elle oblige actuellement quarante-six États (1).

(1) Voici la liste alphabétique de ces États : Allemagne, Argentine (République), Autriche-Hongrie, Belgique, Bolivie, Bulgarie, Chili, Chine, Colombie, Corée, Cuba, Danemark, Dominicaine (République), Équateur, Espagne, États-Unis d'Amérique, États-Unis du Brésil, États-Unis mexicains,

La lacune heureusement comblée en 1899 n'était pas le seul point faible de la Convention de 1864. Le grand élan d'humanité qui avait provoqué cet important accord international avait trop précipité le mouvement, et l'œuvre accomplie s'est nécessairement ressentie de cette précipitation. Le zèle charitable avait fait un peu perdre de vue les nécessités militaires de la guerre avec lesquelles, sous peine de demeurer inefficaces ou d'être nuisibles, doivent se concilier les engagements d'ordre humanitaire pris par les belligérants. Les guerres qui se sont succédé de 1866 à 1905 ont fourni l'occasion répétée de constater que certaines dispositions de l'Acte de 1864 étaient pratiquement inapplicables, que d'autres pouvaient donner lieu à des abus, et que toutes ces imperfections risquaient de compromettre la valeur morale de la Convention de Genève.

Les Sociétés de secours formées, depuis 1863, dans la plupart des pays (1), se réunissant par intervalles en Conférences, ne cessaient de signaler ces imperfections et d'en réclamer la disparition au moyen de nouveaux accords, dont elles indiquaient les bases. Peu à peu, à la suite de ces réunions périodiques, l'idée d'une revision de la Convention de Genève finit par prendre corps dans l'esprit public. Cette idée faillit aboutir en 1868. Les cinq premières dispositions du projet non ratifié d'Articles additionnels visaient, en effet, à modifier l'Acte de 1864. Puis la question fut reprise, mais sans plus de succès, par la Conférence réunie, en 1874, à Bruxelles, sur l'invitation de l'Empereur de Russie, pour délibérer sur les lois et cou-

France, Grande-Bretagne, Grèce, Guatémala, Haïti, Honduras, Italie, Japon, Luxembourg, Monténégro, Nicaragua, Norvège, Panama, Paraguay, Pays-Bas, Pérou, Perse, Portugal, Roumanie, Russie, Salvador, Serbie, Siam, Suède, Suisse, Turquie, Uruguay, Vénézuéla.

(1) Trente-trois pays possèdent aujourd'hui une Société nationale de la Croix-Rouge.

tumes de la guerre sur terre. Enfin, en 1899, la Conférence de la Haye émit le vœu qu'il fût procédé à bref délai à la réunion d'une Conférence spéciale, ayant pour objet la revision de la Convention de Genève. Se basant sur ce vœu, le gouvernement fédéral suisse prit bientôt après l'initiative d'inviter les Etats à se faire représenter à une nouvelle Conférence. Retardée par la guerre russo-japonaise de 1904-1905, cette Conférence se réunit à Genève en juin 1906. Trente-six Etats (1) s'y firent représenter par des diplomates et des spécialistes techniques : jurisconsultes, militaires et médecins. Ses travaux ont abouti, le 6 juillet 1906, à une nouvelle Convention de Genève, en 33 articles, plus précise et plus pratique que celle de 1864, qui est destinée à se substituer progressivement à elle, à mesure que les puissances lui donneront leur adhésion. Tous les Etats représentés à la Conférence l'ont signée, plusieurs toutefois sous réserve de certains articles. Un certain nombre l'ont déjà ratifiée (2).

Après la revision de la Convention de Genève, on a été naturellement amené à se demander s'il ne convenait pas de profiter de la nouvelle Convention pour compléter celle de 1899 relative à la guerre maritime. La deuxième Con-

(1) Voici la liste alphabétique de ces trente-six Etats : Allemagne, Argentine (République), Autriche-Hongrie, Belgique, Bulgarie, Chili, Chine, Congo, Corée. Danemark, Espagne, Etats-Unis d'Amérique, Etats-Unis du Brésil, Etats-Unis mexicains, France, Grande-Bretagne, Grèce, Guatémala, Honduras, Italie, Japon, Luxembourg, Monténégro, Nicaragua, Norvège, Pays-Bas, Pérou, Perse, Portugal, Roumanie, Russie, Serbie, Siam, Suède, Suisse, Uruguay.

(2) C'étaient, au 1er novembre 1907, les Etats suivants ; Allemagne, Congo, Danemark, Etats-Unis d'Amérique, Etats-Unis du Brésil, Etats-Unis mexicains, Grande-Bretagne, Italie, Nicaragua, Russie, Siam, Suisse. Le Vénézuéla et la Turquie ont accédé à la Convention, la Turquie avec la réserve que, tout en respectant scrupuleusement l'inviolabilité du drapeau de la Croix-Rouge, elle se servira dans ses armées de l'emblème du Croissant-Rouge pour protéger ses ambulances.

férence de la Paix, réunie à la Haye en juin 1907, l'a pensé
Tout en restant fidèle à l'esprit de l'œuvre de 1899, elle a
cherché à rendre ses dispositions plus précises. Elle ne
s'est pas cependant bornée à faire un simple travail de
retouche. Imitant la méthode suivie à Genève pour la revision de la Convention de 1864, elle a, le 18 octobre 1907,
adopté une Convention indépendante dans laquelle se
trouvent fondues les dispositions nouvelles et les dispositions maintenues de l'Acte de 1899. Signée dès à présent
par trente-deux Etats (1), la Convention de 1907 abroge
celle de 1899 dans les rapports entre les puissances qui
l'ont également signée et ratifiée.

Ainsi, la matière de la Croix-Rouge se trouve être aujourd'hui régie — parallélisme fortuit mais élégant — par
deux Conventions pour la guerre continentale (1864, 1906) et
par deux Conventions pour la guerre maritime (1899, 1907).

**

Avant de procéder à l'étude séparée de chacune des
quatre Conventions de la Croix-Rouge, il est nécessaire
d'indiquer quelles sont leurs sphères d'application respectives.

Une première distinction est à faire : elle résulte nettement de ce qui précède. Les deux Conventions de Genève
(1864 et 1906) sont relatives à la guerre continentale ; les

(1) Ces Etats sont les suivants : Argentine (République),
Belgique, Bolivie, Bulgarie, Chili, Colombie, Cuba, Danemark, Dominicaine (République), Espagne, Etats-Unis d'Amérique, Etats-Unis du Brésil, Etats-Unis mexicains, France,
Grèce, Guatemala, Haïti, Luxembourg, Monténégro, Norvège,
Panama, Pays-Bas, Pérou, Perse (avec réserve du droit reconnu par la Conférence de l'emploi du Lion et du Soleil Rouge
au lieu et place de la Croix-Rouge), Portugal, Russie, Salvador, Serbie, Siam, Suède, Uruguay, Vénézuéla. D'autres Etats
signeront sans doute avant le 30 juin 1908, date jusqu'à laquelle
la Convention peut être signée.

deux Conventions de la Haye (1899 et 1907) n'ont trait qu'à la guerre maritime.

Par guerre continentale ou maritime, il faut entendre la lutte armée poursuivie, sur terre ou sur mer, entre deux ou plusieurs États, c'est-à-dire la guerre internationale. Il en résulte que les Conventions de la Croix-Rouge ne sont pas applicables, comme telles, aux guerres civiles. Les traités internationaux n'engagent, en effet, que les États contractants ; or, dans la guerre civile, il n'y a pas deux États en présence, mais deux partis dans le même État. Mais si les Conventions de la Croix-Rouge ne sont pas, dans ce cas, obligatoires, elles ne manqueront pas d'exercer sur les combattants une très grande influence. On peut même ajouter que celles de leurs dispositions qui impliquent des règles coutumières auront force obligatoire pour les partis en lutte à partir du jour où, reconnus en qualité de belligérants, ils se trouveront soumis aux coutumes de la guerre.

S'il s'agit d'une guerre internationale, il n'y aura pas à tenir compte du caractère particulier de la lutte, mais il faudra, en revanche, considérer la qualité des États belligérants.

Le caractère de la guerre est indifférent. Qu'il s'agisse d'une guerre juste ou injuste, offensive ou défensive, politique ou religieuse, de conquête ou d'équilibre, de civilisation ou de commerce, coloniale ou d'extermination, elle sera, dans tous les cas, régie par nos Conventions. Leur texte, très général à cet égard, ne fait aucune distinction. Et il est bon qu'il en soit ainsi, car autrement, comme nul n'est juge de la nature des hostilités en dehors des belligérants, chacun d'eux pourrait leur donner le caractère qui le dispenserait d'obligations gênantes.

Il importe, au contraire, d'envisager les guerres d'après les États qui y prennent part. Comme les traités n'obligent que les États contractants, les Conventions de la Croix-Rouge, obligatoires pour ceux qui les ont adoptées, ne s'ap-

1*

pliquent pas dans les guerres engagées entre pays qui ne les ont point acceptées. C'est ce que déclarent l'article 11, alinéa 1er, de la Convention de 1899, l'article 24 de celle de 1906 et l'art. 18 de celle de 1907 : « Les dispositions de la présente Convention, porte ce dernier, ne sont applicables qu'entre les puissances contractantes, et seulement si les belligérants sont tous parties à la Convention »

La même solution doit être admise lorsque, parmi les belligérants, les uns ont adopté les Conventions et les autres ne les ont pas admises. Il en sera ainsi alors même qu'une seule des parties, en cas de guerre entre plus de deux nations, est du nombre des États non-contractants. L'article 11, alinéa 2, de la Convention de 1899 et l'article 24 de celle de 1906 portent, en effet, que leurs dispositions cesseront d'être obligatoires du moment où l'un des États belligérants ne serait pas au nombre des puissances contractantes (comp. Conv. 1907, art. 18).

Et au cas où l'État non-contractant n'interviendrait pas dès le commencement de la guerre ou se retirerait avant la fin des hostilités, il en résulterait cette situation singulière que la lutte serait régie par les Conventions à ses débuts, mais non dans sa suite, ou bien qu'elle n'y serait soumise qu'après la retraite du non-contractant. Cette solution, conforme au principe de la relativité des traités, est nettement indiquée par la Convention de la Haye de 1899 (art. 11, al. 2).

Lorsqu'il s'agit de l'application de nos Conventions, pour savoir si les belligérants les ont ou non adoptées, il ne faut pas s'attacher au simple fait de la signature. D'une part, la signature ne lie l'État qui l'a donnée qu'autant que la Convention a été par la suite dûment ratifiée. D'autre part, un État devra être considéré comme contractant, alors même qu'il ne figure pas au nombre de ceux qui ont primitivement signé la Convention, s'il y a donné plus tard on adhésion dans les formes et conditions arrêtées dans les clauses spéciales de chacun de nos Accords

(Conv. 1864, art. 9 ; Conv. 1899, art. 13 ; Conv. 1906, art. 32 ; Conv. 1907, art. 24). Pour les Conventions de 1864, 1899 et 1907, l'adhésion est libre : une simple déclaration adressée aux contractants suffit ; pour celle de 1906, elle ne vaut que si, dans le délai d'un an à partir de la notification au Conseil fédéral suisse, celui-ci n'a reçu d'opposition de la part d'aucune des puissances contractantes. Aux deux Conventions de Genève sont admis à accéder tous les États sans distinction (1) ; à celles de la Haye ne sont admis à adhérer que ceux qui auront, au préalable, accepté la Convention de 1864 (s'il s'agit d'une adhésion à l'Acte de 1899) ou la Convention de 1906 (s'il s'agit d'une adhésion à l'Acte de 1907).

Dans tous les cas, l'adhésion doit être donnée d'une manière directe et formelle. On ne saurait se contenter d'une adhésion implicite. Cela doit être noté, car un doute paraît possible en présence de l'article 21 du Règlement de la Haye du 29 juillet 1899 sur les lois et coutumes de la guerre sur terre. Ce texte dispose que « les obligations des belligérants concernant le service des malades et des blessés sont régies par la Convention de Genève du 22 août 1864, sauf les modifications dont celle-ci pourra être l'objet ». Il semblerait donc que l'approbation donnée au Règlement devrait être considérée comme valant adhésion indirecte à la Convention de 1864. Mais cette conclusion serait erronée. Le droit des gens ne connaît pas d'adhésion par voie de conséquence, et la Convention de 1864 ne prévoit d'ailleurs, dans son article 9, qu'une accession directe. Quant à l'article 21 du Règlement de 1899, son objet est bien certain : simple reproduction de l'art. 35 du projet de déclaration arrêté à la Conférence de Bruxelles de 1874, il visait, comme lui, à réserver pour l'avenir la question

(1) L'article 9 de la Convention de 1864 ne donne, il est vrai, la faculté d'adhésion qu'aux États qui ont été invités par les puissances contractantes à y accéder. Mais, en fait, à peu près tous les États ont été invités à le faire.

déjà agitée de la revision de la Convention de Genève. On déclarait ainsi que, jusqu'à cette revision, l'assistance charitable demeurait régie par l'accord de 1864. Mais il allait de soi que, seuls, les belligérants qui y avaient donné leur adhésion ou qui viendraient à y adhérer en seraient tenus. L'article 21 était donc un simple texte de renvoi et n'impliquait aucun engagement nouveau. Il faut en dire autant, par rapport à la Convention du 6 juillet 1906, de l'article 21 du Règlement du 18 octobre 1907 sur les lois et coutumes de la guerre sur terre, qui a reproduit l'article 21 du Règlement de 1899.

Les listes des États contractants pour chacune des quatre Conventions de la Croix-Rouge sont loin de concorder. Tel État, qui est contractant dans l'une d'elles, ne l'est pas dans les autres De là, des complications peuvent se produire.

Dans une guerre où les belligérants ont tous adopté les Conventions de Genève, mais n'ont pas tous accepté celles de la Haye, le système de la Croix-Rouge s'appliquera aux hostilités sur terre, mais ne régira pas la lutte sur mer.

Inversement, on devrait dire que, si les belligérants ne sont tous contractants que pour les Conventions de la Haye et non pour les Conventions de Genève, les règles conventionnelles de l'assistance ne s'appliqueront qu'aux combats navals ; elles ne régiront pas les batailles terrestres. Mais l'hypothèse qui vient d'être prévue est purement gratuite ; elle ne saurait se présenter dans la pratique, car les États qui ont accepté la Convention de 1899 ont tous également adopté la Convention de 1864, et, pour l'avenir, d'après l'article 13 de la Convention de 1899, seules les puissances qui ont accepté la Convention de 1864 sont admises à adhérer à celle de 1899 (1). La même observation peut être

_____

(1) Cette règle n'a pas toujours été rigoureusement appliquée. Certains États américains ont commencé par adhérer à l'Acte de la Haye, et ils n'ont accédé à celui de Genève qu'après coup.

faite pour la Convention de 1907 par rapport à celle de 1906.

Des complications peuvent se produire même en ce qui a trait soit seulement à la guerre continentale, soit seulement à la guerre maritime, car la Convention de Genève de 1906 n'a pas, par sa seule existence, fait disparaître celle de 1864, et il en est de même de la Convention de 1907 vis-à-vis de celle de 1899. On a estimé qu'il y aurait eu grave inconvénient, dans chacun de ces systèmes, à supprimer instantanément la Convention la plus ancienne, parce qu'il pouvait se faire que quelques-uns des États qui l'avaient acceptée ne missent pas un grand empressement à adopter la Convention la plus récente. On a donc laissé subsister la Convention de 1864 à côté de celle de 1906, et la Convention de 1899 à côté de celle de 1907, en décidant que, dans l'une et l'autre guerre, la Convention nouvelle ne remplacerait l'ancienne que dans les rapports entre États l'ayant tous adoptée. De sorte que, actuellement et pendant quelque temps encore, il est des États qui sont liés dans la guerre sur terre seulement par la Convention de 1864, et, dans la guerre maritime, seulement par la Convention de 1899.

Il en résulte que, dans une guerre où les belligérants, contractants dans la Convention de 1864, ne le sont pas de même tous deux dans celle de 1906, c'est l'ancienne Convention qui, seule, s'applique. Il en va de même pour la Convention de 1907 par rapport à celle de 1899.

Une autre hypothèse est possible : un des belligérants est contractant dans l'ancienne Convention, mais non dans la nouvelle, alors que son adversaire a accepté celle-ci sans adopter au préalable celle-là. Dans ce cas, aucune des deux Conventions n'est strictement obligatoire. Mais l'hypothèse, possible dans l'un et l'autre système, est, dans celui de la guerre continentale, plus théorique que pratique, car la Convention de 1864 lie aujourd'hui presque tous les États du monde. Cependant, comme il y a encore des États qui n'ont pas adhéré à la première Convention de Genève (1), il est à prévoir, et à souhaiter, que l'assentiment tacite des contractants, qui leur est nécessaire pour adhérer à la nouvelle Convention, ne leur sera donné qu'après adhésion préalable à la Convention de 1864.

Ainsi, nombreuses sont les hypothèses où, soit dans la guerre terrestre, soit dans la guerre maritime, les Conventions de la Croix-Rouge peuvent rester sans application. Ce n'est pas à dire, toutefois, que nulle règle ne s'imposera à l'observation des belligérants eu égard à la condition des blessés et malades. Les Conventions de la Croix Rouge n'ont pas créé le droit hospitalier international de toutes pièces. Si, parmi leurs stipulations, il en est qui ont établi des droits et des devoirs nouveaux, il en est d'autres qui se sont bornées à formuler en règles précises des droits et des devoirs que la coutume des nations avait depuis longtemps consacrés ; dans celles-là, ce qui est nouveau, ce n'est point le fond, mais simplement la forme. Il en résulte que, dans les rapports des belligérants non signataires, si les Conventions de la Croix-Rouge sont, comme telles, inapplicables, elles sont cependant obligatoires dans celles de leurs dispositions qui ne sont que la codification de règles coutumières Dans cette mesure, ce n'est pas leur texte même qui s'appliquera, mais leur esprit. Cette distinction a été faite, en 1894, par le Japon dans sa guerre avec la Chine, qui n'avait pas encore adhéré, à cette époque, à la Convention de Genève.

On peut ranger dans la catégorie des stipulations qui n'obligent que les Etats signataires : celle qui indique la croix rouge sur fond blanc comme le signe de protection des blessés et des malades (Conv. 1864, art. 7 ; Conv. 1899, art. 5 ; Conv. 1906, art. 18 et suiv. ; Conv. 1907, art. 5) ; celles qui ont un caractère purement réglementaire, comme

_____

(1) Ce sont, à l'heure actuelle : le Maroc, la Tunisie, la République de Libéria et le Sultanat de Zanzibar, en Afrique ; la République de Costa-Rica, en Amérique.

l'article 4 de la Convention de 1906 relatif au service d'information entre belligérants touchant le sort des blessés et malades respectifs ; celles, enfin, qui dérogent aux règles ordinaires du droit de la guerre, par exemple celles qui, dans la guerre maritime, soustraient au droit de prise les bâtiments hôpitaux et hospitaliers (Conv. 1899, art. 1er et 2 ; Conv. 1907, art. 1er à 3) et, dans la guerre terrestre, considèrent les formations sanitaires mobiles de l'ennemi comme n'étant pas articles de butin (Conv. 1864, art. 4 ; Conv. 1906, art. 14).

On doit, au contraire, envisager comme règles générales s'imposant, en vertu de la coutume, à tous les belligérants : le principe que les militaires blessés ou malades doivent être respectés et soignés à quelque nation qu'ils appartiennent (Conv. 1864, art. 6 ; Conv. 1899, art. 4 ; Conv. 1906, art. 1er ; Conv. 1907, art. 4) et le principe, qui en résulte, du *respect* du personnel et des formations sanitaires de l'ennemi, en ce sens qu'il ne doit pas être permis de tirer sur eux (Conv. 1864, art. 1er et 2 ; Conv. 1899, art. 1er à 3 ; Conv. 1906, art. 6 et 9 ; Conv. 1907, art. 1er à 3 et 7).

Il est bien entendu, du reste, que rien n'empêcherait les belligérants non signataires des Conventions de Genève et de la Haye d'en accepter tous les principes par le moyen d'un accord provisoire ou *modus vivendi* qui, signé à l'occasion d'une guerre, durerait autant qu'elle. C'est ainsi que, pendant la guerre franco-allemande de 1870-1871 et pendant la guerre hispano-américaine de 1898, les deux belligérants se sont entendus pour appliquer à titre de *modus vivendi* les Articles additionnels de 1868.

* * *

Les Conventions de Genève et de la Haye laissent les États libres d'organiser chacun son service de santé militaire comme il l'entend. Elles supposent ce service organisé et se bornent à indiquer les règles propres à en assurer le fonctionnement en temps de guerre.

Il y a donc une organisation nationale qui dépend, dans chaque État, des lois et règlements en vigueur. C'est ainsi qu'en France le décret du 31 octobre 1892 a réglementé, pour la guerre continentale, le service de santé des armées en campagne. Il est placé sous l'autorité directe du commandement militaire. Il se divise, au point de vue de son fonctionnement, en service de l'avant (service régimentaire, ambulances, hôpitaux de campagne), sous la direction des commandants des corps d'armée, et en service de l'arrière (hôpitaux de campagne immobilisés, hôpitaux d'évacuation, infirmeries de gares ou de gîtes d'étapes, transports d'évacuation), sous la direction du directeur des chemins de fer et des étapes. Il n'existe pas en France, pour la réglementation du service de santé sur mer, de dispositions analogues à celles du décret du 31 octobre 1892.

Le service national de santé militaire est désormais composé, dans tous les pays, tant pour le personnel que pour le matériel, de deux éléments : l'élément officiel ou militaire et l'élément privé mis à la disposition des autorités militaires par les Sociétés de secours. Depuis les résolutions de la Conférence de Genève de 1863, la charité privée a organisé partout de ces Sociétés, qui, ayant dans chaque pays des ramifications sur tout le territoire national, rendent les plus signalés services, avec un zèle et un dévouement désintéressés dont la civilisation moderne peut à juste titre s'enorgueillir.

L'organisation et le fonctionnement de ces Sociétés dépendent, dans chaque pays, de la législation locale. En France, il y a trois Sociétés, également reconnues d'utilité publique : la *Société française de secours aux blessés militaires des armées de terre et de mer*, l'*Association des dames françaises*, l'*Union des femmes de France*. Pendant longtemps, la Société française de secours aux blessés, qui est la plus ancienne des trois, était seule autorisée à prêter

son concours à l'autorité militaire. Depuis un décret du
19 octobre 1892, portant règlement sur le fonctionnement
général des Sociétés d'assistance aux blessés et malades
des armées de terre et de mer, il y a égalité entre les trois
Sociétés. Elles sont admises à mettre à la disposition des
autorités militaires du personnel et du matériel sanitaires.
Elles ont à organiser dans les villes désignées par l'autorité
militaire des hôpitaux auxiliaires destinés à suppléer à
l'insuffisance des hôpitaux militaires ordinaires. Toutefois
la Société française de secours aux blessés conserve le droit
exclusif de desservir les infirmeries de gares. Jusqu'à ces
derniers temps, les trois Sociétés françaises n'avaient
entre elles aucun lien officiel. Mais, le 21 janvier 1907,
elles se sont mises d'accord pour constituer un Comité
central, chargé exclusivement de les représenter aux Conférences internationales et d'étudier en commun les questions d'ordre général intéressant leur mission. Le président de la Société de secours aux blessés militaires a été
choisi comme président du nouveau Comité central de la
Croix-Rouge française.

Partout les Sociétés privées d'assistance sont soumises,
en temps de guerre, à l'autorité militaire nationale. Cette
règle est nettement établie, en France, par le décret précité du 31 octobre 1892. Les trois Sociétés nationales ne
peuvent ouvrir ou fermer un établissement hospitalier
que moyennant une entente avec l'autorité militaire ; le
ministre de la guerre contrôle la nomination de leurs médecins ; il agrée et commissionne leurs délégués aux armées, qui ne peuvent prendre aucune décision sans l'approbation de l'autorité militaire compétente ; tout leur personnel employé aux armées est soumis aux lois et règlements militaires. Cette règle du fonctionnement, en temps
de guerre, des Sociétés nationales de secours sous le contrôle et la responsabilité de leur gouvernement, admise
de tout temps en fait, a été mise hors de doute par la
nouvelle Convention de Genève, qui l'a expressément

formulée dans son article 10. Les Conventions de la Haye pour la guerre maritime subordonnent de même (1899, art. 2 ; 1907, art. 2) le fonctionnement des Sociétés de secours à la reconnaissance et à l'autorisation de leur gouvernement.

L'activité bienfaisante des Sociétés de secours ne se limite pas à l'intérieur de leur pays. Elle s'étend à l'étranger et elle est pour ainsi dire universelle. Lorsqu'une guerre éclate entre deux Etats, les Sociétés de secours des pays neutres viennent souvent en aide au service sanitaire des belligérants. Leur intervention est facilitée par l'activité admirable du *Comité international de la Croix-Rouge*, qui siège à Genève. Ce Comité n'a aucune autorité véritable sur les Sociétés nationales et leurs agissements ; il ne jouit que d'une « préséance d'honneur » dans leurs Conférences internationales ; mais il entretient avec elles des relations suivies et, par son organe périodique, le *Bulletin international des Sociétés de la Croix-Rouge*, il les renseigne sur les débouchés offerts à leur activité charitable dans les différents pays. Ainsi mises à même de connaître les besoins des belligérants, les Sociétés neutres peuvent leur adresser les ressources en argent, en personnel et en matériel propres à suppléer à l'insuffisance de leur service de santé. Par cette intervention, elles sont momentanément assimilées aux Sociétés nationales du belligérant au service duquel elles viennent en aide. Elles ne peuvent, comme elles, fonctionner que sous le contrôle et la responsabilité du gouvernement secouru. On verra plus loin à quelles conditions a été soumise l'intervention des Sociétés neutres par l'article 11 de la nouvelle Convention de Genève et par l'article 3 de chacune des Conventions de la Haye.

L'activité des Sociétés de secours se manifeste encore en temps de paix à un double point de vue. Les Sociétés de secours emploient leurs ressources à la préparation du matériel et à l'instruction du personnel à l'aide desquels, au moment d'une guerre, elles seront à même de remplir leur mission charitable ; à la diffusion dans les masses, par divers moyens de propagande, livres, brochures, conférences, de la connaissance des règles de la Croix-Rouge ; et en outre, dans un grand nombre de pays, à l'entretien d'ambulances, hôpitaux et dispensaires, destinés à soulager les misères ordinaires de la vie ; et à la distribution, sous formes diverses, de secours aux victimes des grandes calamités publiques. Elles se livrent ensuite à l'étude des différentes questions que soulève la matière de l'assistance charitable dans les guerres continentales et maritimes, à l'effet de signaler aux gouvernements les lacunes du droit international et la meilleure manière de les combler. Dans ce but, elles organisent des Conférences internationales qui, par leurs résolutions, activent et préparent le travail de la diplomatie. Les services rendus par ces Conférences internationales des Sociétés de secours ont été considérables. On peut dire que c'est grâce à leur activité féconde que les États modernes ont pu, en moins d'un demi-siècle, être dotés des quatre Conventions de la Croix-Rouge dont on a ci-dessus tracé l'historique.

Lorsqu'à la suite des efforts de la Société genevoise d'utilité publique et de plusieurs autres Sociétés charitables, les États eurent adopté la première Convention de Genève, les Sociétés de secours, organisées un peu partout, entreprirent une campagne tendant à la revision de l'Acte de 1864 et à l'extension de ses principes à la guerre maritime. Leur première Conférence, tenue à Paris en 1867, arrêta un projet de Convention qui comblait certaines lacunes de la Convention de Genève, notamment au sujet de l'intervention des Sociétés de secours dans l'assistance charitable, de la police du champ de bataille, de la constatation de l'identité des morts et des blessés, de la répression des abus du signe de la Croix-Rouge, de l'instruction des troupes en matière sanitaire, et surtout de l'extension à la marine des règles de la Convention de Genève. C'est de ces résolutions que s'inspira la diplomatie, l'année suivante, dans la rédaction du projet, non ratifié, d'Articles additionnels. La deuxième Conférence fut tenue à Berlin, en 1869. Elle étudia la question des secours volontaires dans la guerre maritime et celle de l'opportunité d'une entente entre les Sociétés de la Croix-Rouge et les Sociétés de sauvetage des naufragés. Puis, l'attention ayant été ramenée en 1870 principalement sur la guerre continentale, à la troisième Conférence (Genève, 1884), on ne s'occupa point de la guerre maritime. Allant au plus pressé, on émit le vœu que des mesures fussent prises pour assurer la constatation de l'identité des morts et des blessés et le respect du signe de la Croix-Rouge. La quatrième Conférence (Carlsruhe, 1887) reprit ce dernier vœu et y ajouta celui de voir les gouvernements s'engager à répandre la connaissance de la Convention de Genève. Elle se prononça, en outre, pour l'extension des règles de 1864 à la guerre maritime. Ce vote fut confirmé par la Conférence suivante (Rome, 1892), qui insista, d'autre part, sur la répression, au moyen de lois nationales, des abus du nom et du signe de la Croix-Rouge. Tels furent encore les vœux de la sixième Conférence (Vienne, 1897). Ils ne tardèrent pas à être réalisés. A la première Conférence de la Paix, en 1899, l'adaptation aux guerres maritimes des principes de Genève fit l'objet d'une Convention, et il fut décidé qu'une Conférence se réunirait ultérieurement pour procéder à la revision de l'Acte de 1864. Après ce grand succès, la septième Conférence des Sociétés de secours (Saint-Pétersbourg, 1902) demanda une double amélioration de l'accord de 1899 : 1° l'exonération, en temps de guerre, des navires hospitaliers, entrant dans les eaux des belligérants et des neutres, de tous droits et taxes de port ; 2° la mise en vigueur de l'article 10 de la Convention, exclu des ratifications : deux réformes qui ont été faites, l'une par la Convention de la Haye du 21 décembre 1904, l'autre par la nouvelle Convention de la Haye de 1907. La

Conférence de Saint-Pétersbourg insista ensuite sur les mesures destinées à propager la connaissance de la Convention de Genève et à prévenir et à réprimer les abus du signe de la Croix-Rouge. Sur ces points encore, elle devait recevoir satisfaction. Les réformes préconisées ont été, en effet, réalisées par les articles 26, 23, 27 et 28 de la nouvelle Convention de Genève de 1906 et par les articles 20 et 21 de la nouvelle Convention de la Haye de 1907. La Conférence s'occupa enfin de beaucoup d'autres questions, notamment de l'instruction des dames pour remplir en temps de guerre le rôle d'infirmières volontaires et de l'activité des Sociétés de la Croix-Rouge en temps de paix. La dernière Conférence internationale des Sociétés de secours fut tenue à Londres au début de juin 1907. Elle exprima les vœux suivants : 1º que les Sociétés de la Croix-Rouge se reconnussent par la force même des choses obligées de porter secours aux prisonniers de guerre, conformément aux stipulations du Règlement de la Haye de 1899 et dans les limites posées par les lois et coutumes de leurs pays ; 2º que, dans tous les pays où la législation est encore défectueuse, des efforts fussent faits pour que les dispositions des articles 23, 27 et 28 de la Convention de 1906 pussent recevoir leur complète application ; 3º que, dans les divers pays, sous la forme qui leur conviendrait, suivant leur organisation particulière, il s'établit des liens entre l'administration de la marine et les Sociétés de secours, de manière à permettre à celles-ci de fournir une assistance utile et d'obtenir les moyens nécessaires à l'exercice de leur action charitable ; 4º que les belligérants, s'inspirant des raisons d'humanité, autorisassent autant que les nécessités de la guerre le permettraient l'intervention des Croix-Rouges des nations neutres par le don de médicaments et objets servant au traitement des malades et des blessés, par le don de vivres et de boissons réconfortantes dans le cas où les ambulances ou les hôpitaux de l'un des belligérants ne seraient pas suffisamment approvisionnés ; 5° qu'en cas de ville assiégée, les Sociétés de la Croix-Rouge appartenant à des nations neutres fussent admises, à des conditions stipulées entre les belligérants et sous leur contrôle, à organiser l'évacuation des malades et blessés gravement atteints.

Telles sont les diverses manifestations de l'admirable activité des Sociétés de secours. Les résultats obtenus, dans la paix et dans la guerre, permettent d'espérer que le droit hospitalier international, désormais établi dans ses parties essentielles, ira toujours en s'améliorant pour le plus grand bien de l'humanité. Ce droit vise le fonctionnement, en temps de guerre, au regard de l'ennemi, du service de santé organisé par chaque belligérant avec ses ressources propres et celles qui peuvent lui être fournies par les Sociétés de secours nationales et neutres. Ses règles se divisent en deux grandes catégories, qui imposent la division de cet ouvrage en deux parties : les unes concernent les guerres continentales ; les autres sont relatives aux guerres maritimes.

PREMIÈRE PARTIE

L'assistance charitable dans les guerres continentales.

Les deux Conventions de Genève ont chacune un domaine d'application propre, car, on l'a vu, la plus récente n'a pas nécessairement abrogé la plus ancienne. Il est donc utile d'envisager séparément le régime établi par chacune d'elles.

CHAPITRE Ier

Le régime établi par la Convention du 22 août 1864 est basé sur trois grands principes : 1º l'obligation de recueillir et de soigner tous les malades et blessés, sans distinction de nationalité ; 2º le respect et la protection du personnel sanitaire ; 3º le respect et la protection des ambulances et des hôpitaux. Les deux dernières règles sont, en outre, complétées par l'obligation d'employer un signe distinctif indiquant à tous les personnes et les choses ayant droit au respect et à la protection.

Le commentaire de la Convention comporte l'examen successif de ces quatre règles.

SECTION Irc. — Des blessés et malades.

L'article 6, alinéa 1er, indique le principe général qui domine toute la matière : « Les militaires blessés ou malades seront recueillis et soignés, à quelque nation qu'ils appartiennent ».

L'expression « militaires » ne doit pas être prise dans son sens étroit et technique de « combattants ». Elle doit être entendue de la manière la plus large, comme comprenant toutes les personnes officiellement attachées aux armées, quelle que soit leur fonction particulière. C'est dans ce sens que la pratique l'a toujours entendue.

L'article 6 met à la charge des belligérants une obliga-

tion très précise : c'est de recueillir et de faire soigner tous
les blessés et malades qu'ils rencontrent sur le théâtre des
hostilités. Pratiquement, c'est après une bataille que
l'occasion se présentera d'exécuter cette obligation. Elle
pèsera alors, en fait, sur le belligérant vainqueur, qui
reste maître du champ de bataille. Il devra faire intervenir son service de santé pour relever et faire soigner
dans ses ambulances et hôpitaux tous les hommes couchés
sur le terrain, sans pouvoir préférer ceux de son armée à
ceux de son adversaire.

Mais si cette obligation est certaine, elle est la plupart
du temps très lourde pour le vainqueur. Les ressources
de son service de santé seront peut-être insuffisantes pour
faire recueillir et soigner tous les blessés et malades sans
distinction. Forcé de n'en prendre qu'une partie, il sera
fatalement porté à préférer ses hommes à ceux de l'ennemi.
Ce choix, trop naturel dans ce cas, ne pourra sérieusement
lui être imputé à faute. C'est au belligérant qui se retire
du champ de bataille, dont les blessés risquent ainsi de
rester sans soins, d'alléger, dans leur intérêt, la charge
incombant au vainqueur, en laissant avec ses blessés une
partie de son personnel et de son matériel sanitaires. Cette
pratique, purement facultative, a été suivie dans quelques-
unes des dernières guerres, et elle est fort à recommander.

D'ailleurs, il sera souvent utile que les commandants
des armées belligérantes s'entendent pour se remettre
respectivement leurs blessés. C'est ce qu'indique l'article 6,
alinéa 2 : « Les commandants en chef auront la faculté
de remettre immédiatement aux avant-postes ennemis les
militaires ennemis blessés pendant le combat, lorsque les
circonstances le permettront et du consentement des
deux parties ». Les deux conditions de temps et de lieu
visées dans le texte : remise *immédiate* et aux *avant-postes*,
ne sont guère pratiques et enlèveraient toute valeur aux
accords entre belligérants, si elles n'étaient facultatives,
comme l'entente elle-même prévue par la Convention. Il

est donc loisible aux commandants des armées belligérantes
de s'entendre sur la remise de leurs blessés dans les conditions pratiquement les meilleures pour les soins qu'il
s'agit de donner de part et d'autre.

Si les blessés et malades doivent être recueillis et
soignés, ils doivent, à plus forte raison, être respectés, en
ce sens qu'ils ne pourront être ni achevés, ni maltraités,
ni dépouillés de leurs effets. La Convention de 1864 ne
proclame pas formellement le principe de l'inviolabilité
des blessés. Mais elle le sous-entend. Et c'est parce qu'il a
paru trop évident qu'on n'a pas jugé nécessaire de le formuler expressément. Il est toutefois bon de le rappeler
sans cesse aux soldats, car dans l'ardeur de la lutte il
est parfois perdu de vue. Il n'a pas été malheureuse-
ment rare, dans quelques-unes des dernières guerres, de
voir des blessés massacrés, mutilés ou maltraités. La
cruauté des Turcs à l'égard des blessés russes, en 1877,
est bien connue. Et, lors de la récente guerre russo-japonaise de 1904-1905, on a signalé, de part et d'autre, quelques cas de mutilations et d'outrages envers les blessés ennemis : cas rares sans doute, mais non moins regrettables.

Pour rendre le principe de l'inviolabilité des blessés
vraiment efficace, il est nécessaire que les belligérants en
imposent l'observation à leurs troupes et à leurs sujets par
des dispositions formelles et dûment sanctionnées. C'est
ce que la plupart des Etats civilisés ont compris, en insé-
rant des dispositions en ce sens dans leurs règlements
militaires. Ainsi l'article 249 du code français de justice
militaire punit de la réclusion le fait d'avoir dépouillé un
blessé, et de mort celui qui, pour dépouiller un blessé, lui
a fait de nouvelles blessures. Des dispositions analogues
se rencontrent dans les lois d'autres pays, par exemple
dans le code pénal militaire du Japon. De même les
instructions russes du 14 juillet 1904 prescrivaient aux
officiers de prendre des mesures pour éviter le pillage des
blessés et punissaient les actes de pillage comme faits de

brigandage (art. 24, sect. I). Elles rappelaient en outre formellement aux soldats qu'ils avaient le devoir de respecter les blessés ennemis (art. 5, sect. II).

La Convention de 1864 sous-entend de même l'obligation de respecter les morts. Comme les blessés, ils doivent être protégés contre les insultes et le pillage. C'est ce que la plupart des règlements militaires ont également prévu. On peut citer notamment les règlements faits par le Japon pendant la guerre de 1904-1905.

Le belligérant qui demeure maître du champ de bataille prend les mesures nécessaires pour y relever les cadavres et procéder à leur incinération ou à leur inhumation. On peut à cet égard citer comme un modèle à suivre le règlement japonais du 30 mai 1904. Son article 5, obéissant à la préoccupation louable d'éviter que, dans la hâte des opérations, des blessés ne fussent enterrés vivants, prescrivait que l'on ne devait procéder à une inhumation qu'après s'être assuré de la mort. Certains règlements, comme le décret français de 1892, se montrent plus minutieux à cet égard et exigent que la réalité de la mort soit constatée par des médecins.

Divers règlements militaires prescrivent en outre de recueillir sur les morts les pièces d'identité et effets personnels et de les envoyer aux autorités de leur pays (V. par exemple l'article 19 du règlement japonais du 30 mai 1904).

Si les blessés et malades tombés au pouvoir de l'ennemi doivent être respectés et soignés, quelle est leur situation légale et quel devra être leur sort ultérieur ?

Au sujet de leur situation légale, la Convention de 1864 ne s'explique pas. Cette lacune a permis parfois certaines interprétations erronées qui doivent être formellement condamnées. On s'est figuré que le militaire blessé ou malade s'est dépouillé, par le fait de ses blessures ou de sa maladie, de son caractère de membre d'une armée, pour n'être plus qu'un être humain inoffensif, qui, à l'égal d'un civil, doit être soustrait désormais aux rigueurs de la guerre. Rien n'est plus faux. Le soldat blessé ne perd pas sa qualité de militaire. Si, à raison de ses blessures, il a droit à un traitement particulier, il ne peut rien réclamer au delà. Demeurant militaire, il devient, dès qu'il tombe entre les mains de l'ennemi, prisonnier de guerre, et, comme tel, il est, comme tout prisonnier de guerre, soumis à des mesures de surveillance propres à garantir le belligérant qui le détient contre son évasion. Telle est la réalité.

Dans la mesure où la Convention de 1864 a méconnu cette vérité, elle a fait œuvre vaine. Il convient de le reconnaître, afin d'éviter la déception qui attendrait ceux qui croiraient pouvoir compter sur les dispositions de l'article 6, alinéas 3 et 4.

D'après l'article 6, alinéa 3 : « Seront renvoyés dans leur pays ceux qui, après guérison, seront reconnus incapables de servir. » Ce texte semble ainsi donner à ceux qu'il vise un droit absolu à réclamer leur rapatriement. Mais, à regarder les choses de près, ce droit apparaît bien fragile. L'incapacité de servir est une notion toute relative. Comme on l'a fait justement remarquer, « la même blessure peut rendre un soldat absolument inutilisable ou laisser à un officier la possibilité de rendre encore des services à son pays ». Dans les cas où l'incapacité, ainsi entendue, est douteuse, son appréciation ne saurait, en fait, dépendre que du belligérant au regard duquel la mise en liberté est réclamée. Il y va de son intérêt, dont seul il doit être juge. Et s'il estime que tel militaire ennemi peut encore, après guérison, rendre des services à son armée, il doit avoir le droit de le garder. Dans les cas, au contraire, où l'incapacité de servir est certaine, aux yeux de tous, il est évident que le belligérant qui détient le militaire reconnu incapable de servir, n'ayant nul intérêt à le garder, sera le premier à le remettre en liberté pour se débarrasser d'une surveillance plus gênante qu'utile.

De même l'article 6, alinéa 4, d'après lequel les militaires qui ne seraient pas, après guérison, reconnus incapables de servir « pourront être également renvoyés, à la condition de ne pas reprendre les armes pendant la durée de la guerre ». Ici, il est vrai, il ne s'agit que d'une pure faculté pour le belligérant. Mais l'octroi facultatif de la liberté doit être conditionnel, c'est-à-dire subordonné à la promesse du prisonnier libéré de rester désormais étranger aux hostilités. Il ne peut pas s'agir d'une promesse implicite, résultant du seul fait de la libération du prisonnier, car pareille promesse est trop grave pour pouvoir être présumée. Mais s'il s'agit d'une promesse formelle, résultant de la parole donnée au belligérant par le convalescent libéré, ce renvoi sur parole n'est que le droit commun des prisonniers de guerre et n'offre rien de particulier en notre matière. Il en résulte que la parole donnée ne produira effet que dans la mesure où le droit commun des prisonniers de guerre le permet. Or, si les belligérants sont au nombre des États qui ont accepté le Règlement de la Haye du 29 juillet 1899 sur les lois et coutumes de la guerre sur terre, ils auront à observer l'article 10 de cet accord portant : « Les prisonniers de guerre peuvent être mis en liberté sur parole, si *les lois de leur pays les y autorisent* ». Et, comme les règlements militaires interdisent souvent d'accepter la mise en liberté sur parole, ce n'est que rarement que la faculté conditionnelle prévue par l'article 6, alinéa 4, de la Convention de Genève pourra recevoir application. Elle n'en est pas moins critiquable, car le convalescent qui acceptera d'être mis en liberté sur parole n'aura souvent ni le désir ni la possibilité de se soustraire aux obligations militaires que lui imposeraient les lois de son pays. Il sera mis ainsi dans la pénible alternative ou de manquer à son devoir patriotique ou de violer la parole donnée.

En définitive, les blessés et malades tombés au pouvoir de l'ennemi sont prisonniers de guerre, et leur rapatriement, après guérison, dépend toujours, en fait, du bon

vouloir du belligérant. Celui-ci ne doit l'accorder qu'avec
prudence, lorsqu'il a la certitude que les convalescents
libérés ne pourront plus lui nuire ; ceux-là ne doivent
l'accepter qu'en tant qu'il n'est pas conditionnel, car la
promesse de ne plus reprendre les armes pendant la durée
des hostilités, même tolérée par leurs lois nationales, est
éminemment dangereuse. Sa violation comporte une grave
responsabilité : le prisonnier de guerre, libéré sur parole
et repris portant les armes contre le gouvernement envers
lequel il s'était engagé d'honneur, perd le droit au traitement des prisonniers de guerre et peut être traduit devant
les tribunaux (art. 12, Règlement de la Haye sur les lois et
coutumes de la guerre sur terre).

Section II. — Du personnel sanitaire.

La règle générale est posée dans l'article 2 de la Convention, aux termes duquel le personnel des hôpitaux et
des ambulances « participera au bénéfice de la neutralité ».
Cela veut dire qu'il a droit à une protection et à des
immunités spéciales : il ne doit pas être attaqué et, s'il
tombe aux mains de l'ennemi, il ne peut pas être fait
prisonnier de guerre. L'expression « neutralité » semblerait indiquer que le régime est plus large : que les médecins, chirurgiens, pharmaciens, etc., sont à l'abri de tout
danger et doivent demeurer passifs et indifférents dans la
lutte poursuivie par leur pays. Cela est tout à fait inadmissible. La statistique des dernières guerres montre que
la mission délicate du personnel sanitaire est loin d'être
sans danger : le nombre de médecins morts ou blessés au
cours des hostilités est assez considérable. D'autre part, il
serait aussi injuste que contraire à la réalité de se figurer
que le personnel sanitaire se dépouille de sa nationalité.
Aussi est-ce avec grande raison que le mot « neutralité » a été critiqué. Son emploi est ici à coup sûr abusif,

et son sens doit être réduit aux immunités qui viennent d'être indiquées.

Ces immunités sont absolument nécessaires. Elles sont accordées à seule fin que le personnel sanitaire puisse poursuivre, en toute liberté, la mission charitable qui lui est imposée, dans l'intérêt commun de tous les blessés et malades. Leur violation ne serait pas seulement un acte inhumain et barbare ; elle serait, de la part de l'ennemi, la méconnaissance de son propre intérêt. On ne peut donc considérer que comme un acte de folie le fait, qui se serait produit au cours de la guerre russo-japonaise, de certains blessés qui auraient tiré sur les infirmiers de l'armée ennemie.

Ces immunités nécessaires doivent être accordées en tout temps. L'article 2 indique cependant une restriction. Le personnel sanitaire, porte-t-il, participera au bénéfice de la neutralité « lorsqu'il fonctionnera et tant qu'il restera des blessés à relever ou à secourir ». Il semblerait donc que l'immunité cesse lorsque le personnel est momentanément interrompu, notamment lorsqu'il n'accompagne actuellement aucune ambulance ou lorsqu'il n'y a ni blessés ni malades dans l'ambulance à laquelle il est affecté. Il y a là une restriction inadmissible, et qui n'a jamais été admise. Dans la pratique, le personnel est protégé en toutes circonstances, et il doit l'être, sous peine d'entraver sa mission

La restriction apparente de l'article 2 est tout simplement l'indication du motif qui explique et justifie l'immunité. Le personnel doit être protégé, afin qu'il puisse être en état de fonctionner.

Mais on doit ajouter que l'esprit même du texte implique que l'immunité n'appartient au personnel sanitaire qu'autant qu'il s'abstient de son côté de toute immixtion dans les hostilités. Tout acte de violence lui est formellement interdit. Il faut entendre par là les actes d'agression, mais non les actes de défense. Si le personnel sanitaire venait à

être attaqué, il aurait non seulement le droit mais le
devoir de se défendre, et même de capturer l'assaillant,
car le salut des blessés dépend de sa sauvegarde et de sa
conservation. Aussi bien, en vue précisément de cette
éventualité, il est admis qu'il peut être armé et que le port
d'armes ne le prive pas de son immunité.

Le personnel sanitaire qui tombe au pouvoir de l'ennemi
ne peut être fait prisonnier de guerre. Est-ce à dire qu'il
aura le droit de se retirer quand bon lui semblera et de
rejoindre son armée par l'itinéraire de son choix ? A cette
double question, l'article 3 de la Convention donne une
réponse peu satisfaisante : « Les personnes désignées dans
l'article précédent pourront, même après l'occupation par
l'ennemi, continuer à remplir leurs fonctions dans l'hôpital
ou l'ambulance qu'elles desservent, ou se retirer pour
rejoindre le corps auquel elles appartiennent. Dans ces
circonstances, lorsque ces personnes cesseront leurs fonctions, elles seront remises aux avant-postes ennemis par
les soins de l'armée occupante. » A s'en tenir à la première
partie du texte, le personnel sanitaire aurait toute liberté,
soit pour continuer son service auprès de l'occupant, soit
pour se retirer, alors même que sa présence sur les lieux
serait encore nécessaire. On conçoit le grave inconvénient
qu'offrirait cette faculté, si elle devait être admise. Mais il
est impossible que la Convention ait voulu l'établir en ces
termes. Il semble que son unique vœu est que le personnel
sanitaire ne puisse pas être fait prisonnier de guerre. Pour
mieux affirmer ce principe, on a cru devoir indiquer que
le personnel ne saurait être retenu de force chez l'ennemi.
On est ainsi tombé dans une exagération certaine, qui
demande à être corrigée, en tenant compte du but de la
Convention, et en faisant prévaloir l'esprit sur la lettre de
son texte. Tant qu'il reste des blessés à soigner, le personnel sanitaire ne doit pas être libre de se retirer, car en se
retirant avant d'avoir rempli son service il faillirait à sa
mission. La faculté que lui reconnaît l'article 3, alinéa 1er,

doit être entendue dans un sens raisonnable. Et c'est ainsi
qu'elle a été comprise dans la pratique. On critiquerait
bien injustement le commandant militaire qui, ne pouvant
par les ressources de son service de santé assurer aux
blessés ennemis tombés en son pouvoir les soins dont ils
auraient encore besoin, empêcherait les médecins et les
infirmiers qui les soignent de rejoindre leur armée. Son
attitude mériterait au contraire des éloges, et loin d'être
critiquée elle devrait être reconnue et approuvée par la
partie adverse. Ainsi ont agi les Japonais qui retinrent
le corps sanitaire russe de Port Arthur. Dans la convention de capitulation de cette place, il fut stipulé : « Article 9. Le corps sanitaire et les comptables appartenant à
l'armée et à la marine russes seront retenus par es
Japonais, leur service étant jugé nécessaire pour les soins
à donner aux prisonniers de guerre malades et blessés
pendant le temps nécessaire. Ces corps sont requis de
faire leur service sous la direction du corps de santé et
des comptables de l'armée japonaise. »

Pendant le temps que le personnel sanitaire sera ainsi
retenu, il devra être traité avec égard et jouir d'une solde
égale à celle du personnel des mêmes grades de l'armée de
l'ennemi.

Les soins une fois donnés, le personnel sanitaire doit
être libre de se retirer. On doit cependant reconnaître,
avec la pratique, un tempérament : l'ennemi doit pouvoir
obliger ce personnel à différer son départ pendant un
délai raisonnable, si les nécessités militaires l'exigent.

Cette réserve faite, comment ce personnel pourra-t-il
rejoindre son armée ? D'après l'article 3, alinéa 2, il doit
être remis aux avant-postes de son armée par les soins de
l'ennemi. Il y a là une règle trop absolue, car la remise
aux avant-postes peut présenter des inconvénients d'ordre
stratégique. En disant d'ailleurs que le rapatriement du
personnel se fait « par les soins » de l'ennemi, la Convention semble bien accorder à celui-ci la faculté de fixer l'iti-

néraire à suivre. C'est ainsi que les Japonais ont procédé à l'égard du personnel sanitaire russe, après l'évacuation de Moukden. La Russie demandait que son personnel sanitaire fût renvoyé au quartier général de son armée active. Les Japonais alléguèrent l'inconvénient que présenterait, au point de vue militaire, le passage sur leur champ d'opérations de personnes appartenant à la nationalité de l'ennemi, et ils résolurent de renvoyer ce personnel en Russie par Ying-Keou. De même, après la reddition de Port-Arthur, lorsqu'ils permirent au personnel sanitaire russe de rejoindre son armée, ils l'obligèrent à passer par Shanghaï. Ces exemples prouvent que l'itinéraire fixé par l'armée occupante peut condamner le personnel sanitaire qu'on rapatrie à rester en fait pendant plusieurs mois hors d'activité de service. C'est un inconvénient cependant inévitable, car tout belligérant doit avoir le souci de sa propre conservation.

Tel est le régime auquel est soumis le corps sanitaire. Il reste à voir quelles sont les personnes qui en bénéficient.

L'article 2 procède par énumération. D'après lui, le personnel des hôpitaux et des ambulances comprend l'intendance, les services de santé, d'administration, de transport des blessés et les aumôniers.

Cette énumération ne doit pas être considérée comme rigoureusement précise. Ainsi l'intendance ne profitera des immunités de la Convention que si elle s'occupe de l'administration sanitaire, ce qui n'a pas lieu dans toutes les armées. Le service d'administration, dont il est parlé dans le texte, n'est pas le service général d'administration militaire, mais le service spécial d'administration sanitaire, par exemple les comptables attachés aux hôpitaux et ambulances. Le service de transport des blessés ne comprend pas tous ceux qui seraient chargés de l'enlèvement des blessés, mais ceux-là seuls qui sont appliqués exclusivement à cette fonction, ce qui exclut les brancardiers là où ils sont de simples soldats empruntés au rang, qui doivent rentrer dans le rang une fois leur service fini. Enfin, par aumôniers, il faut entendre seulement les ministres du culte qui sont attachés aux armées.

L'idée commune, qui doit se vérifier au sujet de chacune des différentes catégories de personnes visées dans l'article 2, est qu'il s'agit d'un personnel attaché à un titre quelconque, mais de manière *exclusive*, aux services d'assistance charitable.

A côté du personnel officiel, il convient de mentionner le personnel qui serait fourni aux belligérants par des Sociétés de secours, nationales ou neutres. Comme il a été dit plus haut, l'intervention de ces Sociétés est soumise à l'acceptation du belligérant secouru, et c'est sous sa direction et sous sa responsabilité qu'elles peuvent fonctionner. Leur personnel vient ainsi s'agréger au personnel officiel et participe à la même protection que lui. Cela a été toujours admis dans la pratique, malgré le silence de la Convention de 1864 à l'égard des Sociétés de secours, et malgré la dérogation aux règles ordinaires de la neutralité que semble impliquer l'intervention des Sociétés neutres.

En revanche, la Convention a étendu dans une large mesure aux habitants du théâtre des hostilités les immunités qu'elle assure au personnel sanitaire. Aux termes de son article 5 : « Les habitants du pays qui porteront secours aux blessés seront respectés et demeureront libres. Les généraux des puissances belligérantes auront pour mission de prévenir les habitants de l'appel fait à leur humanité et de la neutralité qui en sera la conséquence. Tout blessé recueilli et soigné dans une maison y servira de sauvegarde. L'habitant qui aura recueilli chez lui des blessés sera dispensé du logement des troupes, ainsi que d'une partie des contributions de guerre qui seraient imposées ». Cette disposition a été souvent et justement critiquée. S'il est bon de stimuler en faveur des blessés le zèle charitable des habitants, il est mauvais de laisser croire qu'il peut s'exercer librement, sans contrôle de la

part du belligérant ; il est surtout dangereux de faire des
promesses exagérées, parfois inutiles, qu'il serait impossible, en fait, de tenir. L'article 5 a donné lieu, dans la
pratique, à de graves abus. Des habitants peu scrupuleux
en ont profité pour se soustraire aux charges de l'occupation ennemie. Ils ont parfois recueilli des blessés uniquement dans l'intention de faire retomber sur leurs conci-
toyens la charge des logements militaires et la partie la
plus forte des contributions de guerre. Sans s'arrêter à de
vaines récriminations, l'ennemi cherchera à démasquer les
fraudes et se bornera à récompenser, dans la mesure du
possible, les dévouements sincères et véritablement utiles.
La pratique a ainsi corrigé ce qu'il y a d'absolu et d'exa-
géré dans la promesse contenue dans l'article 5. Il est
nécessaire de s'en souvenir, pour éviter les déceptions. Les
immunités promises ne constituent pas un droit ferme en
faveur des habitants : elles ne sont qu'une indication des
récompenses dont l'octroi dépend, en fait, de la décision
de l'ennemi.

SECTION III. — **Des ambulances et hôpitaux et de leur
matériel.**

La Convention de 1864 indique une règle générale
commune à tous les établissements et formations sanitaires
et une règle spéciale quant à leur matériel, et elle étend
sa protection aux convois d'évacuation.

§ 1er. — *Régime général.*

Il est indiqué par l'article 1er en ces termes : « Les
ambulances et les hôpitaux militaires seront reconnus
neutres, et, comme tels, protégés et respectés par les
belligérants. » Les expressions *ambulances* et *hôpitaux*
sont, dans ce texte, des termes génériques qui servent à

désigner toutes sortes d'établissements et de formations sanitaires. Quel que soit donc le local où les blessés sont soignés, il est soumis au régime de la Convention. Il doit être protégé et respecté par les belligérants.

Ici encore la Convention emploie l'expression « neutres ,» qui mérite les mêmes critiques que son emploi pour désigner la protection du personnel sanitaire. Prise à la lettre, elle impliquerait, comme on l'a dit avec raison, « la négation du droit de direction et de contrôle de l'ennemi sur les ambulances et hôpitaux tombés en son pouvoir ».

L'article 1er explique d'ailleurs ce que signifie cette prétendue « neutralité » : les ambulances et hôpitaux seront protégés et respectés par les belligérants. Ce n'est pas là une conséquence, mais le sens tout entier de l'idée que ces établissements sont reconnus neutres.

Les termes *protégés* et *respectés* ont chacun une portée propre. Le respect indique le régime des ambulances et hôpitaux au cours de la lutte, et il signifie qu'on ne doit pas tirer dessus. La protection vise leur situation après le combat, et elle impose à l'ennemi, au pouvoir duquel ils viendraient à tomber, le devoir d'empêcher qu'il ne soit porté atteinte à leur fonctionnement.

Mais la portée de cette double règle demande à être bien précisée. Ce qui est interdit par le respect, c'est le tir direct et intentionnel sur les ambulances et hôpitaux On ne saurait les garantir au cours de la lutte contre toute atteinte indirecte. Ainsi, lorsqu'au cours d'un bombardement, les obus de l'ennemi atteignent les hôpitaux, la Convention n'est violée qu'en tant que les obus sont inten· tionnellement dirigés sur ces établissements ; elle ne l est pas si l'ennemi pouvait ignorer l'emplacement des hôpi · taux. L'article 27 du Règlement de la Haye de 1899 sur les lois et coutumes de la guerre sur terre dispose, en effet, que « dans les sièges et bombardements, toutes les mesures nécessaires doivent être prises pour épargner, autant que possible... les hôpitaux et les lieux de rassemblement de malades et de blessés ». Et, pour mettre l'ennemi à même de les respecter, le Règlement impose aux assiégés « le devoir de désigner ces édifices ou lieux de rassemblement par des signes visibles spéciaux qui seront notifiés d'avance à l'assiégeant ». Lors du bombardement de Port-Arthur, les Russes s'étaient plaints du tir de l'artillerie japonaise sur les hôpitaux de la place. Les Japonais s'en étaient disculpés en disant que ces hôpitaux n'étaient pas visibles des positions de leur artillerie, mais ils avaient consenti à recevoir une carte indiquant l'emplacement des hôpitaux, afin de rectifier le tir ultérieur de leurs canons de manière à les épargner. En mars 1905, le gouvernement français, représentant les intérêts russes à Tokio, se plaignit de ce que de nombreux boulets japonais avaient été lancés sur la station de quarantaine dans l'île de San-Shan-Top. Le gouvernement japonais répondit que le bombardement maritime, n'étant pas réglementé, pouvait être pratiqué en toute liberté. Il y avait là une exagération certaine : le bombardement maritime était alors libre, en ce sens qu'il pouvait avoir lieu même contre une ville non défendue ; mais il n'était pas libre, en ce sens qu'il pût, dans cette ville, atteindre même les hôpitaux. La règle de l'article 27 du Règlement précité était basée sur une idée générale qui devait s'appliquer aussi bien à la guerre maritime qu'à la guerre terrestre. S'il est interdit de tirer sur les hôpitaux, il est évident qu'il n'y a pas à distinguer, à cet égard, suivant qu'il s'agit d'un tir d'artillerie de terre ou de marine. Ceci est aujourd'hui confirmé par la Convention du 18 octobre 1907, concernant le bombardement par des forces navales en temps de guerre (art. 5).

De même, ce qui est imposé par la protection, c'est de ne pas détourner l'établissement sanitaire de sa destination. L'ennemi qui occupe un hôpital n'a pas le droit d'en expulser les blessés qui y sont soignés, pour le transformer en caserne ou pour y installer son propre service sanitaire. Mais il peut utiliser les places vacantes pour y placer ses blessés et malades.

L'article 1er apporte une double restriction à la règle qu'il indique. Tout d'abord, les ambulances et hôpitaux seront respectés et protégés « aussi longtemps qu'il s'y trouvera des malades ou des blessés ». Cette restriction est inadmissible, car elle semble permettre la capture d'une ambulance actuellement vacante, en marche pour rejoindre son armée, ce qui serait contraire à l'esprit de la Convention, qui veut que les établissements sanitaires ne soient pas détournés de leur destination. Aussi bien cette restriction demeure-t-elle sans portée dans la pratique, qui reconnaît l'immunité des établissements sanitaires en toutes occasions.

En second lieu, la neutralité cesserait si les ambulances ou les hôpitaux « étaient gardés par une force militaire ». Cette restriction est également inadmissible. Il faut, en effet, que tout établissement soit gardé par une force armée, destinée à y maintenir l'ordre et à le protéger contre les attaques et les pillages. Aussi bien, contrairement au texte de la Convention, la pratique admet que la présence d'un poste de police ne prive pas l'établissement sanitaire de son inviolabilité. Mais elle admet aussi que le piquet de garde reste soumis au droit commun, qu'il peut être fait prisonnier de guerre s'il tombe au pouvoir de l'ennemi : ce qui est assez illogique (1).

La seule restriction possible — non indiquée, mais sous-entendue dans la Convention — est relative au cas où l'établissement sanitaire sort de son rôle pour commettre des actes d'hostilité, par exemple pour servir de dépôt de troupes ou d'entrepôt d'armes ou de munitions. Dans cette hypothèse, l'établissement cesse d'être inviolable, parce qu'il se dépouille de son caractère exclusivement sanitaire. Mais il faut qu'il s'agisse d'un acte caractérisé d'hostilité ;

---

(1) La Convention de 1906 a fait disparaître cette anomalie (v. plus loin, p. 64).

un simple soupçon ou un acte douteux ne doit pas suffire
pour priver l'établissement de son immunité. Le fait qu'il
est gardé militairement ou que son personnel est armé ne
constitue pas un acte d'hostilité. De même, s'il ne doit pas
servir de dépôt d'armes, on ne saurait lui attribuer ce
caractère par le seul fait qu'on y trouve les armes et les
munitions ayant appartenu aux blessés ou malades soignés.
L'ennemi peut bien s'emparer de ces armes et de ces
munitions, à titre de butin de guerre, mais il ne peut, sans
autres indices, priver l'établissement de son inviolabilité.

§ 2. — *Matériel.*

L'article 4 fait une distinction entre le matériel des hôpitaux militaires, qui demeure soumis aux lois de la guerre,
et celui des ambulances, qui ne peut pas être confisqué.

Cette différence de traitement du matériel, suivant la
nature de l'établissement, réclame une définition précise
des termes *ambulances* et *hôpitaux.* Entre l'ambulance
proprement dite et l'hôpital véritable, il y a des formations
sanitaires qui ne sont ni l'une ni l'autre de ces deux choses.
Il en est ainsi des hôpitaux de campagne, des hôpitaux
d'évacuation, des dépôts de matériel sanitaire. Dans quelle
catégorie convient-il de les ranger ? La Convention ne le
dit pas, et il est à craindre que l'ennemi ne soit porté à
voir dans toute unité sanitaire qui ne serait pas une
ambulance proprement dite un hôpital, afin de pouvoir
s'en approprier le matériel. Il faut tenir compte de l'esprit
de la Convention, qui veut avant tout favoriser l'assistance
des blessés et malades. Il semble donc que le respect du
matériel doit être la règle, et sa confiscation l'exception.
Et, comme la notion d'ambulance évoque l'idée d'une unité
mobile, on doit considérer comme en étant une toute unité
susceptible de déplacement (1).

(1) Cette solution est formellement consacrée par la Convention de 1906 (v. plus loin, p. 61 et 65).

D'ailleurs, la règle qui soumet le matériel des hôpitaux militaires aux lois de la guerre demande à être entendue raisonnablement et à être combinée avec le principe général de la protection des hôpitaux. Or, comme les hôpitaux ne doivent pas être détournés de leur destination, comme l'ennemi a l'obligation de ne pas porter atteinte à leur fonctionnement, il ne doit pouvoir faire indirectement, par la confiscation totale du matériel, ce qui lui est interdit de faire directement, par l'expulsion des blessés soignés. Il en résulte une limitation de son droit de butin. L'hôpital devra conserver de son matériel la part nécessaire à sa consommation présente ou immédiatement prochaine, de manière que son fonctionnement puisse continuer en faveur des blessés déjà soignés et des blessés qui sont sur le point d'y être admis. Seul, l'excédent du matériel pourra être véritablement confisqué.

L'ennemi qui occupe un hôpital doit prendre à sa charge les blessés et malades qui s'y trouvent. Il doit aussi, comme on l'a vu, permettre au personnel qui y est attaché de se retirer si ses services ne lui sont pas indispensables. Dans ce cas, le personnel peut, en se retirant, emporter les objets qui sont sa propriété particulière.

La règle de l'article 4 ne s'applique qu'au matériel des hôpitaux *militaires*. Le texte ne vise ni les hôpitaux civils de l'Etat, ni ceux appartenant à des Sociétés de secours et mis par elles à la disposition du belligérant. Leur matériel doit être respecté, car, s'il s'agit d'un hôpital d'une Société de secours, il bénéficie de la règle de l'inviolabilité de la propriété privée dans la guerre sur terre, et, s'il s'agit d'un hôpital civil de l'Etat, il jouit du même traitement, en vertu de la coutume aujourd'hui fixée dans l'article 56 des Règlements de la Haye de 1899 et 1907 sur les lois et coutumes de la guerre, aux termes duquel « les biens des communes, ceux des établissements consacrés aux cultes, *à la charité* et à l'instruction, aux arts et aux sciences, *même appartenant à l'Etat*, seront traités comme la propriété privée ». La pratique est fixée dans ce sens.

§ 3. — Convois d'évacuation.

La Convention leur consacre un texte extrêmement laconique : « Les évacuations, avec le personnel qui les dirige, seront couvertes par une neutralité absolue » (art. 6, al. 5).

Cette formule laisserait croire que les convois d'évacuation doivent être toujours respectés, quelle que soit leur conduite ; qu'ils ne peuvent jamais être ni entravés dans leur marche, ni contrôlés dans leurs agissements par l'ennemi qui les rencontre. Tout cela est reconnu, dans la pratique, inadmissible : la protection des convois doit se concilier avec le droit de défense de l'ennemi. S'il est imposé à celui-ci de les respecter, en principe, il doit lui être reconnu la faculté d'autoriser ou de défendre leur sortie d'une ville assiégée ou leur passage à travers ses lignes ; il doit pouvoir leur imposer l'itinéraire compatible avec les nécessités de ses opérations ; exercer sur eux un droit de contrôle et de visite ; procéder au besoin à leur dislocation, auquel cas il aura la charge des blessés et des malades transportés, qui deviendront, comme tous blessés et malades tombés en son pouvoir, ses prisonniers de guerre, et il aura l'obligation de renvoyer le personnel et de rendre le matériel sanitaire.

Réserve faite des droits de l'ennemi, le convoi d'évacuation doit, au même titre qu'une ambulance, être respecté. Il est interdit de l'attaquer et de tirer sur lui. Mais, pour qu'il ait droit à cette inviolabilité, il faut qu'il soit véritablement un convoi d'évacuation de blessés ou malades et qu'il reste dans son rôle exclusif d'unité sanitaire. Le convoi cesserait d'être inviolable si, à côté des blessés, il comprenait du personnel ou du matériel de guerre, ou si les hommes qui le composent se livraient à des actes d'hostilité. Dans ces conditions, c'est en vain qu'en mai 1904 la Russie se plaignit de l'attaque de la part des Japo-

nais d'un train de blessés venant de Port-Arthur, car il
paraîtrait que ce train était mixte, comprenant, outre
les blessés, des soldats et des non-combattants, et que les
Japonais, en tirant sur lui, n'avaient fait que répondre aux
coups de fusil qui en provenaient.

Les convois d'évacuation, dirigés du théâtre des hostilités sur le territoire d'un des belligérants, pourraient
emprunter, pour arriver à destination, le territoire voisin
d'un État neutre. La question de savoir si l'État neutre
qui autoriserait ce passage ne violerait pas sa neutralité
était autrefois discutée. Elle avait fait, en 1870, l'objet de
négociations diplomatiques entre l'Allemagne et la Belgique, à la suite desquelles cette puissance refusa de laisser
passer sur son territoire les convois de blessés allemands.
Elle est tranchée aujourd'hui, tout au moins dans les
rapports des États qui ont accepté le Règlement de la
Haye sur les lois et coutumes de la guerre sur terre, en
faveur de la liberté de l'État neutre L'article 59, alinéa 1er,
de cet Accord établit la règle nouvelle en ces termes :
« L'État neutre *pourra* autoriser le passage sur son territoire des blessés ou malades appartenant aux armées
belligérantes, sous la réserve que les trains qui les amène-
ront ne transporteront ni personnel ni matériel de guerre.
En pareil cas, l'État neutre est tenu de prendre les mesures de sûreté et de contrôle nécessaires à cet effet. »
La même règle est reproduite dans la Convention du
18 octobre 1907, concernant les droits et les devoirs des
puissances et des personnes neutres en cas de guerre sur
terre (art. 14).

Quel sera, dans ces conditions, le sort des blessés compris dans le convoi ? Le Règlement de 1899 (art. 59, al. 2)
et la Convention de 1907 (art. 14, al. 2) ont adopté sur
ce point une solution qui vise à concilier aux dépens de la
logique les intérêts opposés des neutres et des belligérants Ils distinguent, en effet, suivant qu'il s'agit de
blessés ennemis, faits prisonniers de guerre, ou de blessés

du belligérant qui dirige le convoi. Les premiers doivent nécessairement demeurer sur le territoire neutre, y être soignés et gardés, après guérison, jusqu'à la fin des hostilités. Les seconds peuvent ou bien être rapatriés ou bien, si leur état l'exige, être confiés au neutre, qui doit, en ce cas, les garder de même jusqu'à la paix.

Les solutions qui précèdent ne s'appliquent aux Etats qui ne sont pas liés par les textes de 1899 et de 1907 que dans la mesure où elles confirment le droit commun. On peut considérer comme ayant ce caractère la disposition relative à la liberté du pays neutre. Il y a là moins une innovation que la mise hors de doute d'une opinion assez généralement adoptée avant 1899. Le pays neutre aura donc la faculté, dans tous les cas, d'autoriser ou d'interdire sur son territoire l'asile ou le passage des blessés et malades.

Mais quant au sort des blessés et malades ainsi recueillis, le Règlement de 1899 et la Convention de 1907 paraissent déroger au droit commun. Celui-ci impose au neutre l'obligation d'interner les militaires qui se réfugient chez lui volontairement, et de laisser libres les prisonniers que les fugitifs pourraient avoir avec eux. Appliquant ces règles aux blessés, on dira, lorsqu'il s'agira de rapports entre Etats qui ne sont pas liés par les Accords précités, que les blessés amenés sur le territoire neutre par un convoi national devront y rester jusqu'à la fin des hostilités, mais que ceux qui y auront été amenés par l'ennemi devront, après guérison, être remis en liberté.

SECTION IV. — Du signe distinctif.

Afin de mieux assurer le respect dû au personnel et au matériel sanitaires, la Convention de 1864 a décidé l'emploi d'un signe extérieur destiné à leur permettre d'être reconnus à distance. Ce signe est, pour le matériel, un drapeau et, pour le personnel, un brassard, l'un et l'autre

portant, aux termes de l'article 7, alinéa 3, « croix rouge
sur fond blanc ». Ce sont les couleurs du pavillon fédéral
suisse interverties, adoptées en hommage pour le pays qui
a servi de berceau à la réglementation internationale de
l'assistance charitable.

Le drapeau est adopté pour les hôpitaux, les ambulances, les convois d'évacuation, en un mot pour toutes
les unités sanitaires. Il assure à la chose qui en est cou-
verte le respect stipulé dans la Convention. Mais, pour
qu'il en soit ainsi, il faut, bien entendu, encore que le
texte ne le dise pas expressément, qu'il ait été arboré du
consentement de l'autorité militaire. Le particulier qui,
de son initiative privée, l'arborerait sur sa maison ne
saurait en tirer aucun avantage. En agissant ainsi, loin
d'user d'un droit, il commettrait un abus coupable.

Nulle règle n'est posée au sujet de la forme, de la
dimension et de la nature du drapeau : il suffit qu'il porte
les couleurs indiquées. Mais il faut, en outre, qu'il soit, en
toute circonstance, accompagné du drapeau national
(art. 7, al. 1er), c'est-à-dire du drapeau du belligérant
auquel se rattache la formation sanitaire. S'il doit en être
ainsi *en toute circonstance*, il faut décider que la règle
s'applique même au cas où l'ambulance d'un belligérant
tombe au pouvoir de l'adversaire : même alors l'ambulance doit continuer à arborer, à côté du drapeau de la
Croix-Rouge, les couleurs nationales de son pays d'origine. La règle doit s'appliquer également au cas où il s'agit
d'une ambulance organisée dans un pays neutre : elle doit
porter le drapeau du belligérant assisté. Mais peut-elle
arborer de plus un troisième drapeau, celui de son pays
d'origine ? La question s'est posée au cours de la guerre
gréco-turque de 1897, au sujet d'une ambulance que
l'Union des femmes de France comptait envoyer en Grèce.
Le Comité international de Genève, consulté, estima que
l'emploi du drapeau neutre eût été déplacé.

Le brassard est adopté pour les personnes qui, à un

titre quelconque, sont attachées au service sanitaire des belligérants Comme pour le drapeau, son usage n'est légitime et n'a de valeur qu'autant qu'il aura été autorisé par l'autorité militaire. Et, à raison de la facilité avec laquelle cet insigne peut être mis ou ôté, la surveillance et le contrôle de son emploi doivent être rigoureusement exigés. L'article 7, alinéa 2, se borne à dire que la délivrance du brassard est laissée à l'autorité militaire. Chaque pays est donc libre de prendre, par ses règlements internes, les précautions nécessaires à cet égard Le décret français du 31 octobre 1892 dispose que *tout* brassard doit porter un numéro d'ordre et l'estampille du service de santé, et qu'il doit toujours rester visible.

Brassard et drapeau ne sont visibles que pendant le jour. La Convention n'a pas prévu un signe distinctif de nuit. Mais elle n'en interdit pas davantage l'usage. On peut dès lors, s'inspirant de l'exemple du Japon, employer la nuit des lanternes à verre blanc avec croix rouge.

Tous les Etats qui ont accepté la Convention de 1864 ont adopté l'emblème de la Croix-Rouge. Cependant, au cours de la guerre de 1877, le gouvernement ottoman, avec l'assentiment de la Russie, a substitué à la Croix-Rouge le Croissant-Rouge. Cet usage a été encore suivi au cours de la guerre gréco-turque de 1897, mais il est incontestablement contraire au texte de la Convention.

Bien que la Convention ne le dise pas, il résulte certainement de son esprit qu'il est interdit d'user indûment des insignes distinctifs de la Croix-Rouge. Cette idée a été d'ailleurs formellement indiquée par les Règlements de la Haye de 1899 et 1907 sur les lois et coutumes de la guerre sur terre (art. 23, *f*). Il en résulte pour chaque Etat l'obligation de rendre cette interdiction effective dans ses armées par des sanctions disciplinaires et pénales. Toute négligence grave de sa part pourrait engager sa responsabilité à l'égard de l'ennemi. Il en sera ainsi notamment lorsque l'infraction n'aura pas un caractère individuel, par exemple si, dans une ville assiégée, le commandant de la place fait arborer le drapeau de la Croix-Rouge sur une caserne dans l'espoir de la mettre à l'abri des coups de l'assiégeant.

Section V. — De l'exécution de la Convention.

Les quelques règles inscrites dans la Convention sont loin de prévoir toutes les difficultés. Ce sont plutôt des principes généraux dont les belligérants doivent s'inspirer dans les instructions qu'ils donnent à leurs armées. C'est ce que dit la Convention elle-même dans son article 8 : « Les détails d'exécution de la présente Convention seront réglés par les commandants en chef des armées belligé- rantes, d'après les instructions de leurs gouvernements respectifs et conformément aux principes généraux énoncés dans cette Convention. »

Les belligérants doivent ainsi instruire leurs troupes sur la manière dont elles auront à exécuter les prescriptions de l'Accord international. Ils doivent en outre et surtout porter à leur connaissance le texte même de cet Accord, afin que les soldats et officiers sachent bien quels sont leurs droits et leurs devoirs en matière d'assistance. Cette obligation a été très négligée au début. Depuis, des pro- grès ont été réalisés. Le texte de la Convention a été traduit dans toutes les langues et sa connaissance a été répandue dans les armées. Mais il reste encore beaucoup à faire. Rares sont les pays où le soldat est de bonne heure instruit de ses droits et de ses devoirs en cette matière. Il est bon que cet apprentissage se fasse progres- sivement dès le temps de paix, afin que le soldat soit à même de remplir ses devoirs d'humanité en temps de guerre, ponctuellement et sans hésitation. Il est bon aussi que les troupes soient munies du texte même de la Con- vention, ainsi que l'ont été les armées russes en 1904.

CHAPITRE II

LA CONVENTION DE GENÈVE DE 1906 (1).

La nouvelle Convention reste fidèle aux principes fondamentaux de la Convention de 1864. Mais elle cherche à les mieux dégager, en comblant les lacunes, en dissipant les obscurités et en éliminant les dispositions peu pratiques de l'ancien texte. Elle met à profit l'expérience des guerres récentes pour consolider et améliorer l'œuvre de 1864, dans un égal souci des sentiments d'humanité et des impérieuses nécessités militaires. Son texte, simple, clair et, à dessein, très explicite, est facilement intelligible pour tous. Son commentaire peut, dès lors, être bref.

Pour mieux se rendre compte des différences de rédaction et de solution qui séparent le nouvel Accord de l'ancien, il est nécessaire d'en présenter le commentaire dans un ordre symétrique à celui observé dans le précédent chapitre pour l'étude de la Convention de 1864.

Section Ire. — Des blessés et malades.

La Convention de 1906 débute en indiquant ce qui est son principe essentiel : les blessés et malades doivent être respectés et soignés, sans distinction de nationalité, par le

_____

(1) Elle a fait l'objet à la Conférence de Genève d'un remarquable rapport général de M. Louis Renault.

belligérant qui les a en son pouvoir. Ce principe s'applique non seulement aux militaires proprement dits, quels que soient le corps ou l'arme auxquels ils appartiennent, — armée active, de réserve, territoriale, et même armée de mer, — mais encore à toutes les personnes « officiellement attachées aux armées » (art. 1er). Par cette formule très large, on tient compte de la constitution complexe des armées modernes, et on confirme la solution déjà reçue dans la pratique, où l'on a toujours admis au bénéfice de l'assistance tous les membres des armées, aussi bien les non-combattants que les combattants.

En disant, dans son article 1er, que les blessés et malades doivent être *respectés* et *soignés*, la Convention indique, à la charge des belligérants, deux principales obligations, dont elle précise l'étendue dans les articles qui suivent.

§ 1er. — *Obligations des belligérants.*

a) Les belligérants doivent, tout d'abord, respecter les blessés et malades qui tombent en leur pouvoir. Cette obligation, sous-entendue dans la Convention de 1864, est, ici, nettement formulée (art. 1er). Elle pèse également sur les deux belligérants, en ce sens que chacun d'eux doit veiller à ce que ses officiers et soldats ne maltraitent ni ne dépouillent les blessés ennemis. Leurs lois pénales militaires doivent y pourvoir, en réprimant les actes individuels de pillage et de mauvais traitements. Les États signataires de la Convention prennent l'engagement de compléter leurs lois, en cas d'insuffisance à cet égard, dans un délai maximum de cinq ans (art. 28).

Cette obligation pèse plus particulièrement sur le belligérant qui, après un combat, demeure maître du terrain. Il est chargé de la police du champ de bataille. A ce titre, à son obligation générale de faire respecter les blessés ennemis par ses soldats, vient s'ajouter l'obligation spéciale de les faire protéger contre les tentatives criminelles des maraudeurs et des pillards flétris du nom d' « hyènes du champ de bataille ». L'intervention de l'autorité militaire, prévue par les règlements de la plupart des pays, était considérée jusqu'ici comme purement facultative. Elle devient désormais absolument obligatoire. « Après chaque combat, porte l'article 3, l'occupant du champ de bataille prendra des mesures pour rechercher les blessés et pour les faire protéger, ainsi que les morts, contre le pillage et les mauvais traitements. » Il faut noter que le texte ne dit pas que le vainqueur *fera protéger* les blessés et les morts ; il se borne à dire qu'il *prendra des mesures pour les faire protéger*. De cette manière, on atténue la responsabilité qui lui est imposée : le belligérant devra prendre les mesures nécessaires, se montrer diligent ; il ne sera pas responsable si les circonstances n'ont pas permis aux mesures prises d'avoir une efficacité complète.

La police du champ de bataille comporte, en outre, la charge de relever les cadavres et de leur assurer une sépulture. L'occupant s'en occupera promptement, ne fût-ce que par souci d'hygiène. Le danger est qu'il ne s'en acquitte avec précipitation et que des blessés ne soient enterrés avant d'avoir expiré. Pour se prémunir contre ce danger, l'article 3, alinéa 2, prescrit que le belligérant doit veiller « à ce que l'inhumation ou l'incinération des morts soit précédée d'un examen attentif de leurs cadavres ». En n'indiquant pas la nature de cet examen, la Convention a entendu laisser les belligérants libres d'y procéder comme ils l'entendent. L'examen préalable ne doit pas nécessairement être fait par des médecins. Tout ce qui est imposé, c'est qu'il y soit procédé de manière attentive.

Il convient de remarquer qu'à la différence de celle de 1864 (ci-dessus, p. 27), la Convention de 1906 s'est occupée expressément de la protection des morts sur les champs de bataille.

b) La deuxième obligation des belligérants a trait aux

soins à donner aux blessés et malades. Chacun d'eux doit
faire recueillir et soigner les blessés ennemis qui tombent
en son pouvoir comme les siens propres. Pratiquement,
cette obligation pèsera sur celui des combattants qui, après
la lutte, reste maître du champ de bataille. Mais elle est,
dans ce cas, particulièrement lourde et difficilement réalisable. Le plus souvent, les ressources du service sanitaire
du vainqueur seraient insuffisantes pour assurer, en temps
utile, les secours nécessaires aux blessés des deux partis
couchés sur le terrain. Aussi, depuis longtemps, a-t-on
compris que le belligérant qui a dû se retirer et abandonner
ses blessés et malades ne doit pas en rejeter toute la
charge sur son adversaire. Son intérêt comme son devoir
envers ses blessés doivent le porter à laisser avec eux,
après sa retraite, dans la mesure où les circonstances militaires le permettent, une partie de son personnel et
de son matériel sanitaires. Cet usage est désormais obligatoire. « Toutefois, dit l'article 1er, alinéa 2, le belligérant obligé d'abandonner des malades ou des blessés
à son adversaire laissera avec eux, autant que les
circonstances militaires le permettront, une partie de son
personnel et de son matériel sanitaires pour contribuer à
les soigner ». La tâche du vainqueur sera ainsi facilitée.
Son obligation, atténuée, deviendra réalisable.

Elle pourra, en outre, recevoir un autre tempérament.
Rien n'empêche, en effet, les belligérants de s'entendre sur
la manière dont leurs blessés seront recueillis et soignés et
de mettre à la charge de chacun d'eux le soin d'hospitaliser
par ses propres ressources les blessés qui leur appartiennent.
Cette faculté allait de soi ; l'article 2, alinéa 2, l'a toutefois
mentionnée, afin de la mettre hors de doute : les belligérants, dit-il, auront « la faculté de convenir de se remettre
réciproquement après un combat les blessés laissés sur le
champ de bataille ». Il ne dit pas, comme l'article 6, alinéa
2, de la Convention de 1864, que cette remise aura lieu
« immédiatement » et « aux avant-postes ». Il laisse les

belligérants libres de stipuler dans leur accord les conditions de temps et de lieu qu'ils jugeront utiles.

c) La double obligation de respecter et de soigner les
blessés et malades est complétée par un nouveau devoir indiqué dans l'article 4 : « Chaque belligérant enverra, dès
qu'il sera possible, aux autorités de leur pays ou de leur
armée, les marques ou pièces militaires d'identité trouvées
sur les morts et l'état nominatif des blessés et malades
recueillis par lui. Les belligérants se tiendront réciproquement au courant des internements et des mutations ainsi
que des entrées dans les hôpitaux et des décès survenus
parmi les blessés et malades en leur pouvoir. Ils recueilleront tous les objets d'un usage personnel, valeurs, lettres,
etc., qui seront trouvés sur les champs de bataille ou délaissés par les blessés ou malades décédés dans les établissements et formations sanitaires, pour les faire transmettre
aux intéressés par les autorités de leur pays ». Cette disposition, très heureuse, s'inspire de l'article 14 du Règlement
de la Haye de 1899, sur les lois et coutumes de la guerre
sur terre, relatif aux bureaux de renseignements sur les
prisonniers de guerre, dont application a été faite dans la
guerre russo-japonaise (1).

§ 2. — *Situation légale des blessés et malades tombés au
pouvoir de l'ennemi.*

En vertu des principes généraux du droit de la guerre,
les blessés et malades tombés au pouvoir de l'ennemi sont
prisonniers de guerre. Leur état de santé ne fait pas disparaître leur qualité militaire. Dès lors, si, comme blessés,
ils doivent être soignés ; comme militaires, ils peuvent être
faits prisonniers de guerre. Cette vérité, méconnue jadis,
est aujourd'hui formellement proclamée par l'article 2,
alinéa 1er : « Sous réserve des soins à leur fournir, en

(1) Le Règlement de la Haye de 1907 (art. 14) complète à
cet égard les règles établies en 1899.

vertu de l'article précédent, les blessés ou malades d'une armée tombés au pouvoir de l'autre belligérant sont prisonniers de guerre et les règles générales du droit des gens concernant les prisonniers leur sont applicables. »

Il en résulte que des mesures de surveillance peuvent être prises à leur égard, comme ils peuvent tenter de s'évader à leurs risques et périls.

Il en résulte aussi qu'ils n'ont jamais le droit de réclamer et d'obtenir leur libération avant la fin de la guerre. Leur mise en liberté dépend toujours du bon vouloir du belligérant qui les détient. Celui-ci peut ou bien les garder ou bien les renvoyer après guérison. S'il s'arrête à ce dernier parti, il ne pourra leur imposer la condition de ne plus reprendre les armes pendant la durée de la guerre que dans la mesure où le droit commun, rappelé précédemment (p. 29), autorise la mise en liberté sur parole des prisonniers de guerre.

La libération des convalescents peut en outre faire l'objet d'un accord spécial entre les belligérants. La Convention de 1906 a cru devoir le rappeler, afin de montrer par un exemple pratique qu'il appartient aux belligérants d'apporter des tempéraments à la rigueur du principe que les blessés tombés au pouvoir de l'ennemi sont prisonniers de guerre. « Cependant, dit son article 2, alinéa 2, les belligérants restent libres de stipuler entre eux, à l'égard des prisonniers blessés ou malades, telles clauses d'exception ou de faveur qu'ils jugeront utiles ; ils auront, notamment, la faculté de convenir ... de renvoyer dans leur pays, après les avoir mis en état d'être transportés ou après guérison, les blessés et malades qu'ils ne voudront pas garder prisonniers ». On ne dit pas s'il est permis de stipuler le renvoi avec la condition que les convalescents rapatriés ne reprendront pas les armes pendant la durée de la guerre. Mais, comme la liberté des belligérants reste entière, il dépendra d'eux d'insérer ou non cette condition dans leur accord.

Les belligérants pourront, de même convenir, dit l'article 2, alinéa 2, « de remettre à un État neutre, du consentement de celui-ci, des blessés ou malades de la partie adverse, à la charge par l'État neutre de les interner jusqu'à la fin des hostilités. » C'est un simple rappel, d'ailleurs partiel, de la disposition de l'article 59 du Règlement de la Haye, cité précédemment (p. 43) (1). La remise des blessés prisonniers à un État neutre, du consentement toujours de celui-ci, peut d'ailleurs avoir lieu en dehors de tout accord préalable entre les belligérants, à la suite d'une demande unilatérale de la partie intéressée, qui peut de même confier au neutre ses propres blessés ou malades. Dans toutes ces hypothèses, le sort des blessés hospitalisés sur le sol neutre est le même : ils doivent y être gardés jusqu'à la fin des hostilités.

Section II. — Du personnel sanitaire.

La Convention de 1906 détermine de manière très précise la composition du personnel sanitaire et l'étendue des immunités qui lui sont accordées.

§ 1er. — *Composition du personnel sanitaire.*

A la différence de la Convention de 1864, qui procède par énumération, le nouveau texte emploie une formule générale, assez large pour comprendre tous les intéressés, quelle que soit leur dénomination dans les différentes armées, et suffisamment précise pour exclure tous ceux qui n'ont pas de titre à une protection particulière. D'après l'article 9, le personnel sanitaire officiel comprend « le personnel exclusivement affecté à l'enlèvement, au transport et au traitement

_____

(1) La même disposition se rencontre aujourd'hui dans la Convention de la Haye, du 18 octobre 1907, concernant les droits et les devoirs des puissances et des personnes neutres en cas de guerre sur terre (art. 14, al. 2).

des blessés et malades, ainsi qu'à l'administration des formations et établissements sanitaires, les aumôniers attachés aux armées », et, en outre, les piquets ou les sentinelles munis d'un mandat régulier préposés, à défaut d'infirmiers armés à la garde des formations ou établissements sanitaires (art. 9, al. 2).

Trois catégories de personnes rentrent ainsi dans le personnel officiel : 1° Toutes celles qui sont *exclusivement* affectées à une branche quelconque du service sanitaire : médecins, chirurgiens, pharmaciens, infirmiers, comptables et économes d'hôpitaux, conducteurs des voitures des formations sanitaires (art. 14), etc. ; par le mot « exclusivement » on écarte les personnes qui seraient employées de manière occasionnelle, comme les brancardiers en France, qui, en dehors des cas où ils sont requis pour l'enlèvement des blessés, jouent le rôle de combattants. 2° Les aumôniers *attachés* aux armées, ce qui indique bien qu'on ne tient compte que des ministres du culte ayant un lien officiel avec l'armée. 3° Les piquets ou sentinelles préposés à la garde des formations ou établissements sanitaires, qui font l'office d'infirmiers armés, mais à la condition qu'ils soient munis d'un mandat régulier, ce qui leur donne une attache officielle au service sanitaire dont ils assurent la protection.

Au personnel officiel, la Convention assimile le personnel des Sociétés de secours nationales et neutres. Elle comble ainsi une lacune souvent constatée dans le texte de 1864 Le développement remarquable de ces Sociétés depuis cette époque et les grands services rendus par elles dans les dernières guerres ne permettaient plus de les passer sous silence. D'ailleurs, en assimilant leur personnel à celui des belligérants, la Convention de 1906 ne fait que consolider une situation depuis longtemps admise dans la pratique. Et, comme la pratique, elle ne consacre cette assimilation que moyennant certaines conditions faciles à comprendre.

S'il s'agit d'une Société nationale, il faut d'abord qu'elle
soit reconnue et autorisée par le gouvernement de son pays.
Comme cela a été déjà dit (p. 16), l'organisation et le fonctionnement des Sociétés de secours dépendent, dans
chaque pays, de la législation locale. C'est là une affaire
d'ordre purement intérieur qui reste en dehors des prévisions de l'Accord international. Celui-ci n'examine pas à
quelles conditions sera soumise, dans chaque État, la
reconnaissance des Sociétés de secours. Il se borne à exiger
que cette reconnaissance ait été, en fait, obtenue. Il faut,
en second lieu, que le personnel des Sociétés de secours
soit soumis aux lois et règlements militaires. C'est une
garantie que la Convention sera observée et que la responsabilité internationale du belligérant secouru sera, le cas
échéant, effective. Il faut enfin que l'existence et la colla-
boration de ces Sociétés soient notifiées à l'adversaire,
avant tout emploi effectif : « Chaque État, porte l'article
10, alinéa 2, doit notifier à l'autre, soit dès le temps de
paix, soit à l'ouverture ou au cours des hostilités, en tout
cas avant tout emploi effectif, les noms des Sociétés qu'il
a autorisées à prêter leur concours, sous sa responsabilité,
au service sanitaire officiel de ses armées ». On s'est inspiré pour cette condition de ce qui a été stipulé dans la
Convention de 1899 pour les bâtiments hospitaliers.

S'il s'agit d'une Société neutre, la Convention exige
formellement trois conditions, auxquelles il faut ajouter
une quatrième qu'elle sous-entend. Il est nécessaire tout
d'abord que l'intervention de la Société neutre obtienne
l'assentiment préalable de son gouvernement. Il peut y
avoir, en effet, des inconvénients d'ordre intérieur ou international dont ce gouvernement doit être seul juge. Il est
de même nécessaire que le belligérant à qui l'aide est
offerte consente à l'accepter. La Convention exige enfin
que l'assistance de la Société neutre soit simplement
notifiée à l'autre belligérant (art. 11).

Mais, outre ces trois conditions, il faut exiger que

le personnel fourni par la Société neutre se soumette aux lois et règlements militaires du belligérant secouru. Le texte de la Convention ne le dit pas, mais il le sous-entend sans doute, car les mêmes raisons qui imposent cette règle au cas de l'intervention d'une Société nationale concourent ici pour en exiger l'observation de la part de la Société neutre.

Qu'il s'agisse d'ailleurs d'une Société neutre ou d'une Société nationale, les conditions indiquées dans les articles 10 et 11 visent uniquement l'hypothèse d'un secours en personnel ou en formations sanitaires ; elles ne s'appli· quent pas, au contraire, au cas où il s'agirait, pour une Société de secours ou toute autre association, d'envoyer aux belligérants des secours en argent ou en objets utiles pour le traitement des blessés et malades, ainsi que l'a· vaient fait en 1904-1905, au cours de la guerre russo-japonaise, les Sociétés de secours d'un grand nombre de pays neutres.

§ 2. — *Immunités et situation légale du personnel sanitaire.*

La Convention de 1906 évite avec soin l'expression vicieuse de « neutres » employée par la Convention de 1864, pour indiquer les immunités du personnel sanitaire. Elle se borne à dire (art. 9) que les membres de ce personnel « seront respectés et protégés en toute circonstance ; s'ils tombent entre les mains de l'ennemi, ils ne seront pas traités comme prisonniers de guerre ».

En disant qu'ils seront respectés et protégés « *en toute circonstance* », le nouveau texte supprime définitivement la restriction que l'Accord de 1864 semblait apporter aux immunités du personnel, en stipulant que le personnel participera au bénéfice de la neutralité « lorsqu'il fonctionnera et qu'il restera des blessés à relever ou à secourir ». La Convention de 1906 confirme à cet égard la pratique qui n'a jamais tenu compte de cette restriction.

Mais son esprit, conforme à celui de la Convention de 1864, subordonne le respect et la protection du personnel à la condition que celui-ci s'abstienne de tout acte d'hostilité. La Convention dit formellement art. 7) que la protection due aux formations et établissements sanitaires cesse si l'on en use pour commettre des actes nuisibles à l'ennemi. Des motifs semblables doivent faire admettre la même restriction pour ce qui concerne l'immunité du personnel. Celui-ci ne doit pas, par exemple, entrer sans permission dans la ligne d'opérations de l'ennemi, car il peut, en surprenant le secret de ses positions, lui causer un grave préjudice. S'il y entre sans permission, l'ennemi aura le droit ou bien de le capturer et de le détenir pour que le secret militaire soit gardé, ou bien, si la capture n'est pas en fait possible, d'ouvrir le feu dans sa direction pour lui indiquer qu'il ne peut s'avancer davantage et de tirer sur lui s'il n'obéit pas à l'injonction donnée. Telle fut la règle des Japonais en 1904-1905. Elle était d'avance conforme à l'esprit de la nouvelle Convention.

Cependant le personnel peut être armé, et le fait qu'il use de ses armes pour sa propre défense ou celle des malades et blessés ne doit pas être considéré comme un acte d'hostilité de nature à le priver de la protection qui lui est due (comp. art. 8, 1°).

Lorsque le personnel tombe au pouvoir de l'ennemi, il ne devient pas prisonnier de guerre (art. 9, al. 1). Il n'est pas toutefois libre de se retirer immédiatement. Il a, de par sa mission charitable, le devoir moral de continuer à remplir ses fonctions auprès de l'ennemi aussi longtemps que ses services sont nécessaires. Le nouveau texte lui en fait désormais une obligation légale : « Les personnes désignées dans les articles 9 (personnel officiel), 10 et 11 (personnel des Sociétés de secours nationales et neutres) continueront, après qu'elles seront tombées au pouvoir de

'ennemi, à remplir leurs fonctions sous sa direction »
(art. 12, al. 1).

Pendant ce temps, le personnel aura droit à une solde.
L'article 13 ne lui accorde pas la solde de son pays d'origine, mais celle que l'ennemi assure au personnel des
mêmes grades de son armée. Il a semblé que, dès l'instant
où les deux personnels collaboraient momentanément au
même service sanitaire, il était logique de n'accorder à
l'un que les allocations et la solde dont jouissait l'autre.
Bien entendu, cette règle ne s'applique qu'au personnel
officiel, seul visé par le texte ; elle ne s'applique pas au
personnel des Sociétés de secours, qui, n'ayant droit à
aucune solde quand il collabore avec sa propre armée, ne
doit rien pouvoir réclamer quand il travaille chez l'ennemi.

Lorsque son concours ne sera plus indispensable, le
personnel sera libre de se retirer. A cette liberté, la pratique apportait déjà un tempérament que la Convention
de 1906 consacre en termes exprès : le personnel sanitaire
pourra se retirer dans les délais compatibles avec les
nécessités militaires (art. 12, al. 2).

L'ennemi sera de même libre de fixer, suivant ses con-
venances militaires, l'itinéraire que le personnel devra
suivre pour rejoindre son armée ou pour rentrer dans son
pays. Sur ce point encore, l'article 12, alinéa 2, confirme la solution admise dans les dernières guerres
(v. p. 34.)

Conformément au droit commun, qui proclame le respect de la propriété privée dans la guerre sur terre, le
personnel sanitaire peut, en se retirant, emporter les effets,
les instruments, les armes et les chevaux qui sont sa propriété particulière (art. 12, al. 3). Quant aux objets relatifs
à son service qui ne lui appartiennent pas, leur sort
variera suivant les cas : tantôt ils devront être restitués
et tantôt ils pourront être confisqués (v. plus loin,
p. 65).

§ 3. — *Protection et immunités facultatives accordées aux habitants.*

Les habitants du théâtre des opérations peuvent prêter un utile concours au service sanitaire des belligérants. Leur zèle charitable mérite d'être encouragé et stimulé par des avantages matériels. Mais il importe à l'intérêt du service sanitaire comme à celui des opérations militaires que leur intervention soit soumise à un contrôle et que les récompenses qui peuvent y être attachées ne soient jamais considérées comme un droit. L'expérience montre que les belligérants ne sauraient ni renoncer à leur naturel droit de contrôle ni admettre des immunités qui leur paraîtraient excessives ou imméritées. Méconnaître cette vérité d'expérience, c'est risquer de laisser naître des abus et des déceptions. Aussi bien, abandonnant les errements de 1864 (v. p. 35-36), et s'inspirant de la pratique, la Convention de 1906 a-t-elle soin d'affirmer que tout, dans le zèle charitable des habitants, — son initiative, son exercice, sa récompense, — doit être subordonné à l'autorité militaire : « L'autorité militaire, porte l'article 5, pourra faire appel au zèle charitable des habitants pour recueillir et soigner, sous son contrôle, des blessés ou malades des armées, en accordant aux personnes ayant répondu à cet appel une protection spéciale et certaines immunités ». Il en résulte que les habitants ne peuvent intervenir dans le service sanitaire que s'ils y sont invités ; que leurs secours ne peuvent être donnés que sous le contrôle du belligérant qui les a sollicités ; et enfin qu'ils ne peuvent prétendre à d'autres immunités qu'à celles qu'il plaira à l'autorité militaire de leur accorder.

Cette disposition est applicable aussi bien aux habitants d'un pays neutre, dans le cas exceptionnel où des hostilités y auraient lieu, qu'aux habitants d'un pays belligérant.

SECTION III. — Des formations et établissements sanitaires.

La Convention traite séparément du régime général des formations et établissements sanitaires, du sort de leur matériel et de la protection des convois d'évacuation.

§ 1er. — *Régime général.*

Aux expressions un peu trop vagues de la Convention de 1864 : « ambulances » et « hôpitaux », le nouveau texte substitue des termes plus généraux, d'une portée très précise. Il distingue les *formations sanitaires mobiles* et les *établissements fixes du service de santé.*

Les formations mobiles, comme leur titre l'indique, sont susceptibles de déplacement. C'est là leur critérium ; il faudrait en tenir compte alors même que telle formation, mobile en principe, se trouverait temporairement immobilisée. Les ambulances, les hôpitaux de campagne, les hôpitaux d'évacuation, lorsqu'ils sont susceptibles de déplacement, rentrent dans cette catégorie.

Les établissements fixes sont toutes les unités qui ne constituent pas des formations mobiles. Leur organisation ne comporte pas le déplacement. Il en est ainsi des dépôts de matériel sanitaire, des hôpitaux militaires permanents ou organisés sur le théâtre des opérations.

Les unités sanitaires, qu'elles soient mobiles ou fixes, sont régies dans leur ensemble, avec leurs blessés et malades, leur personnel et leur matériel, par la règle générale de l'article 6 : « Les formations sanitaires mobiles (c'est-à-dire celles qui sont destinées à accompagner les armées en campagne) et les établissements fixes du service de santé seront protégés et respectés par les belligérants ».

On ne parle plus de neutralité. La nouvelle Convention

se borne à dire que les unités sanitaires seront *protégées* et
respectées Ces deux termes ont la même portée que dans
la Convention de 1864. Le respect signifie que l'ennemi ne
doit pas tirer sur les unités sanitaires. La protection lui
impose le devoir d'empêcher qu'il ne soit porté atteinte à
leur fonctionnement.

Comme sous l'empire de la Convention de 1864, le respect n'interdit que le tir direct et intentionnel (v. p. 37),
et la protection due aux unités sanitaires n'empêche pas
l'ennemi d'utiliser les places vacantes d'un hôpital pour y
placer ses propres blessés.

En formulant la règle du respect et de la protection, le
nouveau texte ne reproduit pas la restriction dont elle était
accompagnée dans la Convention de 1864, qui stipulait
que les ambulances et hôpitaux seraient respectés et protégés « aussi longtemps qu'il s'y trouvera des malades ou
des blessés ». La pratique avait déjà condamné cette restriction inadmissible (v. p. 39). Les unités sanitaires
doivent donc être respectées et protégées alors même
qu'elles n'auraient pas actuellement de malades ou de
blessés. L'ambulance en marche pour rejoindre son
armée ne peut pas être capturée. Cependant si, dans une
ville occupée, il y a un hôpital préparé pour recevoir des
blessés ou des malades, et si cet hôpital est vide, l'ennemi
semble pouvoir l'utiliser (Comp. plus loin, p. 65-66, la disposition de l'article 15).

La règle de l'article 6 n'est applicable qu'en tant qu'il
s'agit d'atteindre le but charitable qu'elle se propose, c'est-
à-dire en tant que l'unité sanitaire a réellement ce caractère, qu'elle reste dans son rôle d'assistance. Si, au contraire, elle en sort pour commettre des actes d'hostilité,
par exemple pour recevoir des munitions ou pour abriter
des troupes, elle devient alors un établissement dangereux
pour l'ennemi, qui doit avoir le droit de recouvrer sa
liberté d'action et de défense.

Cette précision est aujourd'hui formellement indiquée :

« La protection due aux formations et établissements sanitaires, dit l'article 7, cesse si l'on en use pour commettre des actes nuisibles à l'ennemi ».

Mais il faut qu'il s'agisse d'actes véritablement nuisibles et réellement hostiles. Un simple soupçon, un acte douteux, ne doivent pas suffire pour faire cesser la protection. Des difficultés peuvent se présenter dans la pratique au sujet de la véritable conduite de l'unité sanitaire. L'article 8 indique trois hypothèses, où le doute a paru quelquefois possible, qui ne pourront plus désormais être considérées comme étant de nature à priver l'unité sanitaire de la protection qui lui est due. Ce sont :

« 1° Le fait que le personnel de la formation ou de l'établissement est armé et qu'il use de ses armes pour sa propre défense ou celle de ses malades et blessés.

« 2° Le fait qu'à défaut d'infirmiers armés, la formation ou l'établissement est gardé par un piquet ou des sentinelles munis d'un mandat régulier.

« 3° Le fait qu'il s'est trouvé dans la formation ou l'établissement des armes et cartouches retirées aux blessés et n'ayant pas encore été versées au service compétent. »

Dans toutes ces hypothèses, l'unité sanitaire doit continuer à être respectée et protégée, parce qu'elle ne sort pas de son rôle pour commettre des actes d'hostilité. La pratique était déjà fixée dans ce sens, sauf pour ce qui concerne la troisième hypothèse, qui avait soulevé quelquefois des difficultés. Elles ne sont plus désormais possibles, lorsqu'on se trouvera en présence du cas précis prévu par l'article 8, 3°, c'est-à-dire lorsque les armes et cartouches trouvées dans la formation ou l'établissement ont appartenu aux blessés, et qu'on n'a pas encore eu le temps de les restituer au service militaire compétent. Il y aura à examiner en fait si ces deux conditions sont réunies Dans le cas où elles ne seraient pas matériellement vérifiées, l'unité sanitaire risquera d'être considérée comme un entrepôt d'armes et de munitions, et elle pourra être privée de son immunité. Dans tous les cas, d'ailleurs, les armes et les munitions pourront, conformément au droit commun, être confisquées par l'ennemi, à titre de butin de guerre.

Mais il était déjà admis que le personnel sanitaire peut être armé et faire usage de ses armes pour sa sécurité et celle de ses malades ou blessés. Cette circonstance ne doit faire cesser ni l'immunité de l'unité sanitaire, qui continuera à être respectée et protégée, ni celle du personnel, qui ne pourra pas être fait prisonnier de guerre.

La pratique admettait de même, malgré des termes restrictifs de la Convention de 1864 (v. p. 39), que le fait pour une unité sanitaire d'être gardée militairement ne la privait pas de la protection qui lui était due. Et cela était parfaitement logique, parce que le piquet de garde, remplissant l'office ordinaire du personnel sanitaire armé, ne faisait pas sortir l'ambulance ou l'hôpital de son rôle charitable. Mais si la pratique conservait, dans ce cas, à l'unité sanitaire, son immunité, elle se montrait illogique lorsqu'elle admettait que le piquet de garde pouvait, quand il tombait au pouvoir de l'ennemi, être fait prisonnier de guerre. Elle était illogique, parce qu'elle le traitait autrement que les infirmiers armés, dont il remplissait l'office ; elle l'exposait à une situation intolérable, puisqu'il pouvait être fait prisonnier, alors qu'il n'avait pas le droit de se défendre ; elle lui imposait ainsi de chercher, à l'approche de l'ennemi, son salut dans une fuite qui, laissant l'unité sanitaire non gardée, lui faisait courir le risque d'être pillée. La Convention de 1906 fait disparaître ces anomalies : le piquet et les sentinelles de garde sont désormais assimilés au personnel sanitaire (v. p. 55) : comme lui, ils doivent être respectés et protégés en toute circonstance et, s'ils tombent entre les mains de l'ennemi, ils ne peuvent pas être faits prisonniers de guerre (art. 9, al. 2). Seulement, pour éviter toute fraude, on subordonne ces immunités à une condition : il faut que le piquet ou les sentinelles soient munis d'un mandat régulier (art. 8, 2°).

§ 2. — Matériel.

Le sort du matériel varie suivant qu'il appartient au service de santé militaire, aux services civils d'assistance ou aux Sociétés de secours.

a) Pour ce qui est du matériel des unités sanitaires des belligérants, il faut tenir compte de la distinction fondamentale entre les formations mobiles et les établissements fixes.

Le matériel des formations mobiles doit être respecté dans tous les cas et dans tous ses éléments, « y compris, dit l'article 14, alinéa 1, les attelages, quels que soient les moyens de transport et le personnel conducteur ». L'ennemi, au pouvoir de qui tombe une formation mobile, peut se servir de son matériel, comme de son personnel, pour les soins des blessés et malades. Mais aussitôt qu'il n'en aura plus un besoin indispensable, il devra le restituer dans les délais et suivant l'itinéraire compatibles avec les nécessités militaires et, autant que possible, en même temps que le personnel, de manière à ne pas entraver l'action de la formation sanitaire (art. 14, al. 2).

Au contraire, les établissements fixes sont soumis aux lois de la guerre. L'ennemi peut utiliser les bâtiments et confisquer leur matériel. Mais, comme sous l'empire de la Convention de 1864, cette règle rigoureuse doit être combinée avec les obligations de l'ennemi de respecter le fonctionnement des établissements sanitaires et de faire soigner les blessés et malades qui tombent entre ses mains. De là, ce tempérament indiqué par l'article 15, alinéa 1, que, si les bâtiments et le matériel des établissements fixes demeurent soumis aux lois de la guerre, ils ne pourront « être détournés de leur emploi tant qu'ils seront nécessaires aux blessés et aux malades ». Il en résulte que l'ennemi ne peut utiliser les bâtiments et confisquer le matériel que dans la mesure où ils sont actuellement sans emploi : si un hôpital est vide, il peut utiliser les bâtiments et confisquer le matériel en entier ; s'il est partiellement occupé, il peut utiliser les parties de bâtiments libres et confisquer l'excédent du matériel ; s'il est entièrement occupé, il peut encore confisquer l'excédent de matériel, s'il y en a, mais il ne peut utiliser aucune partie des bâtiments. Toutefois, si des nécessités militaires importantes rendent l'utilisation des locaux indispensable, la Convention reconnaît franchement (art. 15, al. 2) que « les commandants des troupes d'opérations pourront en disposer » ; mais elle leur impose, en ce cas, formellement l'obligation *préalable* d'assurer le sort des blessés et malades qui s'y trouvent.

b) La règle de l'article 15 ne s'applique qu'aux établissements militaires. Elle ne vise pas les bâtiments civils. Ceux-ci, même appartenant à l'Etat, bénéficient de l'inviolabilité de la propriété privée (v. ci-dessus, p. 41). Il en résulte qu'ils ne sont pas soumis aux lois de la guerre : ils sont exempts de capture.

c) Pour ce qui est enfin du matériel des Sociétés de secours admises, dans les conditions indiquées (ci-dessus, p. 56), à prêter leur concours aux belligérants, il doit être respecté en toutes circonstances. Qu'il s'agisse du matériel de leurs établissements fixes ou de celui de leurs formations sanitaires, l'article 16 le considère comme propriété privée et le proclame, en conséquence, inviolable. Mais, s'il ne peut pas être confisqué, il demeure exposé, comme toute propriété privée, au droit de réquisition des belligérants. L'article 16 a raison de rappeler cette règle du droit commun de la guerre.

§ 3. — *Convois d'évacuation.*

Le convoi d'évacuation est le transport de blessés, accompagnés du personnel et du matériel nécessaires à leurs soins, du théâtre des opérations à la zone d'arrière d'une armée. Ses éléments — blessés, personnel, matériel — sont les mêmes que ceux des formations sanitaires mobiles. Il est donc naturel qu'il soit traité comme une formation sanitaire mobile. Et tel est le principe qu'indique en débutant l'article 17 de la Convention. Il en résulte que les convois doivent, comme les formations mobiles, être respectés et protégés, à la condition que leur escorte ne fasse pas acte d'hostilité ; que leur personnel sanitaire ne peut pas être fait prisonnier; que leur matériel ne peut pas être confisqué.

Mais les convois d'évacuation présentent des particularités qui les distinguent des formations mobiles : ils sont exposés à un plus fréquent contact avec l'ennemi; il y a, dans leur composition, une plus grande complexité d'éléments : leur personnel et leur matériel peuvent appartenir à différentes catégories. Aussi le traitement des formations sanitaires ne saurait leur suffire : il leur faut des règles spéciales.

Ainsi que la pratique l'a reconnu (ci-dessus, p. 42), la protection des convois se doit concilier avec le droit de défense de l'ennemi Leur circulation ne doit pas gêner les opérations de l'occupant de la région traversée. Ils doivent être soumis au droit de visite et de contrôle de l'ennemi, qui doit avoir le droit de modifier leur itinéraire, de les arrêter momentanément, et même de les disloquer complètement, si les nécessités militaires l'exigent. L'article 17, 1°, lui reconnaît formellement ce droit de dislocation, à la condition qu'il se charge des malades et blessés transportés. Comme tous autres malades et blessés qui tombent au pouvoir de l'ennemi, ceux-ci deviennent prisonniers de guerre dans les conditions précédemment indiquées (p. 52 et suiv.).

Le droit de dislocation suppose celui d'arrêter le convoi en marche, et ce droit doit être sanctionné. Spécialement, le train qui transporte des blessés doit s'arrêter au signal qui lui est fait par l'ennemi. S'il refuse de s'arrêter, il se met dans son tort, et les mesures de contrainte deviennent alors licites.

Quant aux différentes catégories du personnel et du matériel du convoi disloqué, l'article 17, 2⁰ et alinéas suivants, indique quel en est le sort respectif.

Le personnel sanitaire doit être renvoyé, dans les conditions prévues par l'article 12 (ci-dessus, p. 59), aussitôt que son concours n'est plus indispensable. La même règle est appliquée (art. 17, 2⁰) au personnel militaire préposé au transport ou à la garde du convoi, et muni à cet effet d'un mandat régulier. Le premier, comprenant les conducteurs des voitures militaires autres que celles du service de santé, — cavaliers, artilleurs, soldats du train, — le personnel d'exploitation militaire des chemins de fer, les marins de l'État employés sur les bateaux, est ainsi assimilé aux conducteurs des voitures des formations sanitaires (p. 55 et 64). Le second, comprenant tous militaires chargés de l'escorte ou de la garde du convoi, est ainsi assimilé aux piquets et sentinelles de garde des formations et établissements sanitaires (p. 55).

Le personnel du convoi disloqué peut comprendre enfin un élément civil : conducteurs des voitures privées requises, employés non militaires des chemins de fer, équipages des navires de commerce. Ce personnel est soumis, aux termes de l'article 17, alinéa 4, « aux règles générales du droit des gens », c'est-à-dire qu'il est libre ; mais l'ennemi capteur du convoi peut le requérir à son tour.

Le matériel appartenant au service officiel de santé ou aux Sociétés de secours — « trains de chemin de fer et bateaux de la navigation intérieure (1) spécialement organisés pour les évacuations », « matériel d'aménagement des voitures, trains et bateaux ordinaires, » — doit être restitué (art. 17, al. 2) dans les conditions prévues pour

_____

(1) Il faut entendre par là la navigation sur les fleuves, canaux et lacs. La navigation *maritime* demeure en dehors des prévisions de ce texte. Elle est régie par les règles des Conventions de la Haye (v. ci-dessous, 2ᵉ partie).

la restitution du matériel des formations sanitaires mobiles (p. 65).

Le capteur du convoi peut, au contraire, confisquer les voitures militaires, autres que celles du service de santé, et leurs attelages (art. 17, al. 3).

Quant au matériel privé provenant de la réquisition — voitures avec leurs attelages, matériel de chemin de fer et navires de commerce utilisés pour les convois (1), — il reste soumis « aux règles générales du droit des gens » (art. 17, al. 4), c'est-à-dire que, suivant les cas, il sera restitué immédiatement, requis à nouveau ou retenu jusqu'à la paix, conformément aux dispositions des articles 52 à 54 du Règlement de la Haye de 1899, sur les lois et coutumes de la guerre sur terre (2).

La Convention de 1906 ne prévoit pas l'hypothèse du passage d'un convoi d'évacuation sur le territoire d'un État neutre. Le cas demeure soumis au droit antérieur indiqué ci-dessus (p. 43-44). Les blessés soignés chez un État neutre doivent y être gardés, après guérison, jusqu'à la fin de la guerre. Cette solution, résultant du Règlement de la Haye de 1899, sur les lois et coutumes de la guerre sur terre, a été rappelée dans l'article 2, alinéa 2 (ci-dessus, p. 53-54) (3).

Section IV. — Du signe distinctif.

La Convention de 1906 maintient comme signe distinctif la croix rouge sur fond blanc, dont nulle raison n'imposait l'abandon ou le changement. Mais, pour éviter certaines

(1) V. la note précédente.

(2) Ces dispositions ont été reproduites dans les Accords de la Haye de 1907 (Règlement concernant les lois et coutumes de la guerre sur terre, art. 52 et 53 ; Convention concernant les droits et les devoirs des puissances et des personnes neutres en temps de guerre sur terre, art. 19).

(3) Cette solution est confirmée par la Convention du 18 oc-

susceptibilités religieuses, elle a soin d'indiquer, dans son article 18, que ce signe héraldique « formé par interversion des couleurs fédérales » est maintenu « par hommage pour la Suisse » (1).

Cet emblème doit figurer sur les drapeaux, les brassards et sur tout le matériel se rattachant au service sanitaire. Ses dimensions et son mode d'emploi pendant la nuit ne sont pas précisés : ils sont laissés à la discrétion de l'autorité militaire qui demeure de même libre de peindre le matériel sanitaire roulant aux couleurs de la Croix-Rouge. L'essentiel est que le signe employé permette de reconnaître à distance les personnes et les choses qu'il doit signaler à la protection et au respect de l'ennemi.

Mais, pour qu'il ait cette valeur, il est nécessaire qu'il n'en soit fait usage qu'avec la permission de l'autorité militaire compétente. La Convention pose nettement ce principe général (art. 19) et elle en indique les applications les plus importantes (art. 20 à 22).

Le personnel protégé porte l'emblème de la Croix-Rouge sous forme de brassard, *fixé au bras gauche*. Ce brassard doit émaner de l'autorité militaire compétente, être *délivré* et *timbré* par elle. Il doit être porté même par les personnes n'ayant pas d'uniforme militaire qui se trouvent affectées

---

tobre 1907, concernant les droits et les devoirs des puissances et des personnes neutres en cas de guerre sur terre (art. 14).

(1 La Turquie n'a toutefois accédé à la Convention que sous la réserve que, tout en respectant scrupuleusement l'inviolabilité du drapeau de la Croix Rouge, elle se servira dans ses armées de l'emblème du Croissant-Rouge pour protéger ses ambulances (ci-dessus, p. 7, note 2). D'autre part, comme il a été admis à la Conférence de la Haye de 1907 que la Turquie pourrait employer le Croissant-Rouge, la Perse le Lion et le Soleil comme signes distinctifs du service sanitaire de leurs armées dans les guerres sur mer (ci-dessus, p. 8, note et plus loin, 2e partie), le Conseil fédéral suisse a été d'avis (note du 3 septembre 1907) qu'il y avait lieu d'accorder à ces puissances la même faculté pour les guerres sur terre.

aux travaux du service sanitaire, telles que les femmes,
vieillards et enfants. Bien qu'ayant par elles-mêmes
droit au respect, le port du brassard est de nature à
leur assurer une protection particulière. Mais, pour qu'il
en soit ainsi, il faut que leur brassard soit *accompagné
d'un certificat d'identité* (art. 20). Toutes ces conditions
constituent autant de garanties contre l'emploi abusif du
brassard.

Le drapeau est adopté pour les formations et établissements sanitaires. Comme le brassard, il doit avoir un
caractère officiel. Il ne peut être arboré qu'avec le consentement de l'autorité militaire. Il doit, en outre, être accompagné du drapeau national du belligérant dont relève la
formation ou l'établissement (art. 21, al. 1). En parlant de
drapeau, la Convention n'a pas voulu cependant imposer
l'emploi d'un pavillon qui flotte ; il a été entendu, à la
Conférence de Genève, qu'une plaque rigide portant l'emblème de la Croix-Rouge répondrait absolument aux exigences de la Convention. Elle pourrait même avoir, sur
le drapeau proprement dit, l'avantage de laisser appa-
raître la croix rouge d'une manière plus distincte.

La règle que le drapeau de la Croix-Rouge doit être accompagné du drapeau national du belligérant dont relève
la formation ou l'établissement reçoit une exception au
cas où une ambulance tombe au pouvoir de l'ennemi.
Comme, dans ce cas, elle relève au fond des deux belligérants, de l'un par son origine, de l'autre par la saisie,
il est difficile de choisir celui des deux drapeaux qu'elle
doit arborer concurremment avec le drapeau de la Croix-
Rouge. Des raisons également plausibles militent pour
l'emploi de chacun d'eux. Pour sortir de difficulté, la
Convention décide (art. 21, al. 2) que l'ambulance n'ar-
borera ni l'un ni l'autre : elle se bornera à arborer le drapeau de la Croix-Rouge pendant tout le temps qu'elle restera au pouvoir de l'ennemi. Si, pendant ce délai, elle ne
peut affirmer sa nationalité, elle ne subit pas, en revanche,

l'emblème de l'adversaire : elle se contente du signe qui indique la protection à laquelle elle a droit.

Cette solution ne s'applique qu'aux formations sanitaires ; quant aux établissements qui se trouvent en pays occupé, ils doivent arborer, à côté du drapeau de la Croix-Rouge, les couleurs nationales de l'ennemi, au même titre que les autres édifices publics se trouvant sur le territoire occupé.

La Convention tranche enfin la difficulté qui s'est présentée dans la pratique au sujet des ambulances organisées par des Sociétés de secours neutres (ci-dessus, p. 45). Entrant dans l'organisation sanitaire du belligérant assisté, fonctionnant sous son contrôle et sous sa responsabilité, ces ambulances ne peuvent arborer, avec le drapeau de la Croix-Rouge, que le drapeau national du belligérant dont elles relèvent (art. 22, al. 1). Et, à l'exemple des ambulances nationales, si elles tombent au pouvoir de l'autre belligérant, elles n'arboreront que le drapeau de la Croix Rouge pendant tout le temps qu'elles se trouveront dans cette situation (art. 22, al. 2).

Répression de l'usage abusif de la Croix-Rouge. — L'emblème de la Croix-Rouge doit représenter aux yeux de tous l'idée du respect des personnes et des choses qui en sont couvertes. Pour qu'il garde toute son efficacité, il est absolument nécessaire qu'il ne soit jamais, ni en temps de guerre ni même en temps de paix, employé ou appliqué à d'autres fins (art. 23). Il est, en effet, évident que si le public voit la Croix-Rouge figurer sur des enseignes de magasins ou, comme le cas s'est produit, sur des marchandises de consommation journalière, il sera amené à penser que ce signe n'a rien d'officiel, rien qui en impose le respect.

Aussi bien les États se sont-ils engagés à prendre, chacun dans sa législation, des mesures pour punir, comme usurpation d'insignes militaires, l'usage abusif, en temps de guerre, du drapeau et du brassard de la Croix-Rouge

par des militaires ou des particuliers non protégés par la
Convention (art. 28), et pour empêcher en tout temps l'emploi, par des particuliers ou par des Sociétés autres que
celles y ayant droit en vertu de la Convention, de l'emblème ou de la dénomination de *Croix-Rouge* ou *Croix
de Genève*, notamment dans un but commercial, par le
moyen de marques de fabrique ou de commerce (art. 27,
al. 1er).

L'interdiction de l'usage abusif en temps de guerre des
insignes distinctifs de la Convention de Genève n'est pas
nouvelle Elle existait déjà, et il était reconnu que cet usage
abusif pouvait engager la responsabilité du belligérant
dont l'armée aurait usé indûment des insignes de la Croix-
Rouge (v ci-dessus. p. 46).

En obligeant les États à se mettre en mesure de réprimer les usurpations d'insignes militaires, la Convention
de 1906 n'a fait que préciser la portée d'une obligation qui
résultait déjà implicitement du droit antérieur. Elle a au
contraire innové quant à l'interdiction en tout temps de
l'emploi de l'emblème ou de la dénomination de Croix-
Rouge dans le commerce et dans l'industrie. Aussi bien
l'effet de cette interdiction ne sera pas immédiat. Il est
spécifié qu'il se produira seulement à partir de l'époque
déterminée par chaque législation, et, au plus tard, cinq
ans après la mise en vigueur de la Convention. Mais, depuis cette mise en vigueur, il ne peut plus être déposé ou
enregistré de marque de fabrique ou de commerce contraire à l'interdiction (art. 27, al. 2).

Section V. — De l'exécution de la Convention.

Quoique beaucoup plus complète que la Convention de
1864, la Convention de 1906 n'a pas pu, plus qu'elle,
prévoir tous les cas et résoudre d'avance toutes les diffi-

cultés de nature à se présenter dans la pratique. Aussi, suivant l'exemple de sa devancière, 's'en remet-elle aux armées belligérantes du soin de pourvoir aux détails de son exécution. Son article 25 porte : « Les commandants en chef des armées belligérantes auront à pourvoir aux détails d'exécution des articles précédents, ainsi qu'aux cas non prévus, d'après les instructions de leurs gouvernements respectifs et conformément aux principes généraux de la présente Convention. »

Et, comme l'expérience a prouvé qu'il reste encore bien des progrès à faire pour répandre comme il convient la connaissance des règles internationales de l'assistance charitable, la Convention rappelle aux gouvernements qu'ils ont le devoir strict de prendre « les mesures nécessaires pour instruire leurs troupes, et spécialement le personnel protégé, des dispositions de la présente Convention et pour les porter à la connaissance des populations » (art. 26).

Il importe que les populations soient informées de leurs droits et de leurs éventuelles immunités, afin qu'elles ne puissent pas être portées à d'injustes et téméraires illusions sur l'emploi de l'emblème de la Croix-Rouge et afin qu'elles soient mises à même de collaborer, par les Sociétés de secours, si puissamment organisées de nos jours, au service de santé militaire dont les bienfaits, comme les maux de la guerre, s'étendent sur la nation tout entière.

Mieux encore que dans les populations, la connaissance de la Convention de Genève doit être répandue, dès le temps de paix, dans les rangs des armées, sans exception de grade ou de fonction.

Le personnel sanitaire doit être instruit de ses immunités et des devoirs qui en sont la contre-partie. « Il faut qu'il soit bien pénétré de la pensée que c'est dans un but tout spécial qu'on lui épargne certaines conséquences rigoureuses du droit de la guerre et qu'il ne doit pas se servir de sa situation privilégiée dans un autre but. » Si le

dévouement pour ses malades est une vertu professionnelle
du médecin dans la vie civile, le dévouement du médecin
militaire à l'égard de tous les blessés qu'il doit soigner en
temps de guerre est un devoir sacré qui lui est imposé et
par sa conscience d'homme et par l'obligation internationale de l'État dont il porte l'uniforme. Ce devoir doit
passer avant tout scrupule patriotique qui viendrait en
obscurcir la notion et en voiler la portée. Pour en arriver
à cette conception, assez ferme pour qu'elle reste pure au
milieu de la lutte, il est nécessaire que le médecin, et avec
lui tout le personnel sanitaire officiel ou non officiel, s'y
prépare par la réflexion faite longuement et à loisir dès
le temps de paix. C'est parce que la tâche du personnel
protégé est particulièrement délicate que l'article 26 a jugé
utile de lui consacrer une mention spéciale.

De même enfin les combattants, officiers et soldats, doivent arriver à comprendre qu'ils sont directement intéressés à être humains, à respecter le personnel et le matériel sanitaires. Ils doivent être guidés non seulement par
un sentiment de pitié à l'égard de l'ennemi blessé qui leur
offre le spectacle de ce qu'ils seront eux-mêmes peut-être
plus tard. Ils doivent l'être encore par le sentiment de
leur propre intérêt, car le personnel et le matériel qu'ils
seraient tentés d'attaquer contribueront peut-être à leur
salut le jour où, tombés sur le champ de bataille, ils seront
recueillis par l'ennemi.

Ces notions très simples sont faciles à comprendre.
Mais, pour en être pénétré et imprégné, il faut qu'elles
entrent dans l'esprit du soldat lentement, dès le temps
de paix, afin qu'il s'habitue à n'y voir à la longue que les
éléments d'une vérité qui doit demeurer au-dessus de
toute discussion. On l'a dit en termes excellents : « Pour
tous ceux qui ont la redoutable et haute mission de défendre leur patrie, il y a un entraînement moral tout
aussi indispensable que l'entraînement matériel, si l'on
veut que les prescriptions imposées par le progrès des

mœurs pour concilier, dans la mesure du possible, l'emploi de la force et les nécessités militaires avec les exigences de la justice et de l'humanité aient chance d'être respectées ».

———————

DEUXIÈME PARTIE

L assistance charitable dans les guerres maritimes.

Dans la guerre navale, à raison du lieu où elle se déroule, l'action hospitalière présente des caractères particuliers. Son objet est plus large que dans la guerre continentale. Ce ne sont plus seulement des blessés et des malades qu'il faut secourir, ce sont encore des hommes valides : les naufragés, qui, pendant ou après le combat, tombent à la mer. Les secours qu'elle implique sont, d'autre part, beaucoup plus pressants. A bord des vaisseaux de combat, qui se trouvent presque toujours loin de la terre, en pleine mer, il n'existe ni matériel ni personnel sanitaires suffisants pour donner aux victimes tous les soins qu'elles réclament ; et, sur ces vaisseaux, exposés toujours aux dangers de la lutte et au péril de la mer, ceux qui sont frappés sont perdus s'ils ne sont pas immédiatement recueillis. En cas de conflit maritime, la nécessité s'impose donc d'une organisation sanitaire, extérieure aux navires combattants, qui puisse avec rapidité relever les militaires tombés à leur bord ou dans les flots et en même temps leur assurer le traitement qu'exige leur état. Mais une semblable organisation est forcément complexe et se heurte à des exigences spéciales de la guerre maritime. Il faudra en effet, pour la réaliser, des navires hospitaliers, construits et équipés d'une manière particulière, qui ne per-

dront point de vue les escadres dans leurs évolutions. Or
un service sanitaire ainsi compris est long et coûteux à
établir, et il peut être de nature à gêner considérablement
les opérations militaires. Il a d'ailleurs besoin de certaines
immunités pour son matériel comme pour son personnel.
Comment accorder l'inviolabilité des bâtiments sanitaires
avec le droit de prise qui, sur mer, à la différence de ce
qui a lieu sur terre, s'applique même à la propriété privée?
Les Conventions de la Haye du 29 juillet 1899 et du
18 octobre 1907 sont parvenues cependant à résoudre ces
difficultés. Elles ont étendu aux luttes navales les principes
adoptés à Genève pour la guerre terrestre en les soumet-
tant aux restrictions nécessitées par les règles de la guerre
maritime, mais sans pour cela mettre de côté les idées
d'humanité. On retrouve effectivement dans les Conventions de 1899 et de 1907 les trois idées fondamentales qui
sont à la base des Conventions de 1864 et de 1906 : 1° le respect et la protection du matériel hospitalier ; 2° le respect
et la protection du personnel sanitaire ; 3° l'obligation de
recueillir et de soigner toutes les victimes de la lutte. Ces
trois idées constituent même la division générale des Conventions de la Haye ; c'est sous leur inspiration qu'il
convient d'en présenter le commentaire : la plus récente,
en effet, n'a pas, comme on l'a vu (ci-dessus, p. 8 et 13),
abrogé par sa seule existence la plus ancienne.

CHAPITRE Ier

LA CONVENTION DE LA HAYE DE 1899 (1).

SECTION Ire. — **Du matériel sanitaire.**

Le matériel sanitaire se compose, d'après la Convention de 1899, de bâtiments consacrés d'une manière exclusive et indélébile à l'œuvre charitable (art. 1er, 2 et 3) et de navires employés occasionnellement à l'assistance des blessés, des malades ou des naufragés (art. 6).

§ 1er. — *Le service hospitalier spécial.*

A.— *Bâtiments susceptibles d'une affectation hospitalière.* — Trois catégories de bâtiments peuvent être employées d'une façon permanente au service sanitaire.

a) D'abord, les « bâtiments construits ou aménagés par les *États* », engagés dans une guerre (art. 1er) : la Convention les appelle « bâtiments-hôpitaux militaires ». Rien n'est plus naturel : l'État, à qui appartient l'organisation de l'armée, doit pouvoir affecter certains de ses navires au service sanitaire qui est une partie de cette organisation.

b) La Convention de la Haye permet également aux navires *privés* des *belligérants* de débarrasser les flottes ennemies des invalides qui les encombrent. Ces navires, dits « bâtiments hospitaliers », peuvent, d'après l'article 2, appartenir à de simples particuliers ou à des Sociétés de

(1) Elle a fait l'objet à la Conférence de la Haye d'un remarquable rapport général de M. Louis Renault.

secours officiellement reconnues. Et ce caractère leur est
conféré par la Convention, qu'ils soient équipés *en totalité*
ou *en partie* aux frais des particuliers ou des Sociétés de
secours : il en résulte que des navires équipés partiellement avec l'argent de l'État ne deviennent pas des bâtiments d'État, mais restent des navires privés.

C'est la première fois que les Sociétés de secours sont
mentionnées expressément dans un acte diplomatique
ratifié par les puissances. Mais, en fait, quoique sans existence internationale, elles ont souvent dans le passé rendu
des services aux États belligérants : il en fut ainsi au cours
des guerres de 1880 entre le Pérou et le Chili, de 1894-
1895 entre la Chine et le Japon, de 1897 entre la Grèce
et la Turquie. Désormais, aux termes de la Convention,
ce ne sont que les navires des Sociétés « officiellement
reconnues » qui pourront être utilisés comme bâtiments
hospitaliers. Il appartient d'ailleurs à chaque gouvernement de décider, dans la plénitude de sa juridiction, de la
reconnaissance officielle des Sociétés existant sur son territoire. Il en résulte que la participation à l'œuvre d'assistance n'est possible de la part de certains Ordres charitables, comme l'Ordre de Malte ou l'Ordre de Saint-Jean
de Jérusalem, qu'autant que ces Ordres se font officiellement reconnaître et s'incorporent dans un État qui parlera
en leur nom. En dehors de cette hypothèse, les Ordres
dont il s'agit ne pourraient pas agir en tant que collec-
tivités. Mais il leur resterait la ressource d'intervenir dans
l'assistance par l'initiative individuelle de leurs membres : les bâtiments équipés par l'Ordre pourraient se présenter comme navires appartenant à des particuliers.

Que faut-il donc entendre par « navires appartenant à des
particuliers » ? On doit comprendre sous cette expression
très large tous les navires qui sont la propriété de particuliers. Le propriétaire d'un yacht ou l'armateur d'un
navire de commerce auront ainsi la possibilité d'affecter
leur bâtiment à l'action hospitalière.

c) Le service sanitaire spécial peut d'après l'article 3 de
la Convention, comprendre en troisième lieu des navires
neutres. Cette décision constitue, dans un intérêt humanitaire, une dérogation aux règles de la neutralité : le
neutre qui, avec l'autorisation de son gouvernement,
fournit une assistance à l'une des armées ou même à toutes
les deux favorise en effet le belligérant choisi ou des deux
celui dont le service sanitaire, plus réduit ou plus affaibli,
permet la moindre résistance. Mais la Convention, esti-
mant que les devoirs de la neutralité s'imposent plus
étroitement aux États qu'à leurs sujets, n'a dérogé que
pour ces derniers au droit commun. Ce sont seulement
les navires *privés* neutres, appartenant à des particuliers ou à des Sociétés de secours officiellement reconnues, qu'elle déclare susceptibles de constituer des bâtiments hospitaliers ; les États neutres ne sauraient mettre
leurs propres bâtiments à la disposition des belligérants.

Telles sont les trois classes de navires admis à l'œuvre
d'assistance. Ce n'est pas toutefois au même titre qu'ils
peuvent y participer. Une distinction importante, qui résulte
de leur caractère même, doit être faite entre eux. Les navires
belligérants, d'État ou privés, font partie du service sanitaire du pays dont ils dépendent. Au contraire, les navires
neutres sont indépendants des flottes ennemies et conservent l'autonomie de leur pavillon : leur situation est ainsi
différente de celle reconnue aux ambulances neutres dans
la guerre continentale par l'article 11 de la Convention de
1906 (p 56-57)(1). Chacun d'eux peut être employé à l'œuvre
sanitaire avec tous ses éléments, avec tous ses accessoires :
embarcations, chaloupes ou canots. Mais leur présence sur
le théâtre des hostilités ne doit pas nécessairement être
simultanée. Les États sont libres, suivant leurs besoins
et les circonstances, de n'utiliser que les uns ou les

(1) Une modification a été, à cet égard, apportée par la Convention de la Haye du 18 octobre 1907 (v. plus loin, p. 123).

3*

autres; ils ont aussi toute liberté pour décider de la place, de première ou de seconde ligne, qu'il convient de faire à l'assistance privée. Dans tous les cas, la participation des navires neutres à l'œuvre sanitaire ne dépend que de leur propre gouvernement : ils ne sauraient être tenus de déférer à la demande d'un belligérant qui réclamerait leur concours.

La guerre russo-japonaise de 1901-1905 a vu fonctionner pour chacune des nations en conflit des bâtiments sanitaires belligérants. Les principaux chez les Russes ont été l'*Orel*, le *Kazan*, l'*Angara*, de la flotte volontaire, et le *Mongolia*, de l'East Chinese Railway Cy, mis à la disposition de la Croix-Rouge de Russie ; chez les Japonais, le *Hakuai-Maru* et le *Kosai-Maru*, de la Société de la Croix-Rouge japonaise, le *Kobé*, le *Saikyo-Maru*, le *Rosetta-Maru*. Des navires-hôpitaux, au nombre de douze (1), avaient été également au service des armées alliées lors de la campagne de Chine contre les Boxers en 1900-1901.

B. — *Conditions de l'affectation hospitalière.* — Les navires d'État belligérants et les navires privés, belligérants ou neutres, ne peuvent être utilisés à l'œuvre sanitaire que s'ils remplissent certaines conditions déterminées par les articles 1er, 2, 3, 4 et 5 de la Convention : les unes sont communes à tous, les autres spéciales à chacun d'eux.

a) Les bâtiments d'État doivent être « construits ou aménagés spécialement et uniquement en vue de porter secours aux blessés, malades et naufragés ». À cette condition seulement, dit l'article 1er, ils constituent des « bâtiments-hôpitaux militaires ». Il en est de même pour les navires privés, puisque les articles 2 et 3 n'en prévoient l'emploi qu'en tant que bâtiments « hospitaliers ».

Aucun type particulier n'est imposé pour la construction ou l'aménagement des navires sanitaires. Il suffit que les

---

(1) Deux français, trois allemands, un américain, trois anglais, deux japonais, un russe.

bâtiments ne portent rien qui ne soit destiné aux blessés
et malades ou à ceux qui les soignent et qui puisse être
utilisé pour des actes hostiles.

b) Les navires privés, belligérants (art. 2) ou neutres
(art. 3), doivent être autorisés par les puissances dont ils
dépendent à raison de leur nationalité : ils en reçoivent
une « commission officielle ». C'est une garantie qu'ils
auront un caractère exclusivement sanitaire, car le gouvernement chargé d'accorder la commission ne la déli-
vrera qu'après s'être assuré de la situation du navire.

Toutefois, pour les bâtiments belligérants, la Convention veut de plus qu'ils soient « porteurs d'un document
de l'autorité compétente déclarant qu'ils ont été soumis
à son contrôle pendant leur armement et à leur départ
final » (art. 2, al. 2). L'autorité dont il s'agit ici peut
être l'autorité militaire aussi bien que l'autorité maritime.
Si on ne réclame pas des bâtiments neutres une semblable
justification, c'est parce qu'on a pensé que vis-à-vis d'un
État neutre il serait excessif de ne pas se contenter de la
commission délivrée par lui ; il y a du reste moins de
raisons de suspecter à l'égard des neutres qu'à l'égard
des belligérants la sincérité de leur commission.

Un État n'ayant pas à s'autoriser lui-même dans l'affectation qu'il donne à ses bâtiments, on conçoit qu'une
commission officielle ne soit pas réclamée pour les navires d'État belligérants : leur nature à elle seule vaut
commission.

c) Il est nécessaire que chaque belligérant connaisse les
bâtiments de son adversaire ou des pays neutres appelés
à secourir les victimes de la guerre. La Convention exige
donc que les noms des bâtiments belligérants, d'État
(art. 1er) ou privés (art. 2), et des bâtiments neutres (art. 3)
lui soient officiellement communiqués. C'est le gouvernement dont le navire dépend par sa nationalité qui fera
la notification, et c'est au gouvernement de l'État belligérant qu'elle sera adressée : celui-ci en transmettra les

indications, par les mo,ens les plus rapides, aux différentes unités de sa flotte. Il a été procédé de la sorte
pendant la guerre russo-japonaise, notamment par le Japon
en ce qui concerne son navire sanitaire *Rosetta-Maru*, et
par la Russie pour ses bâtiments *Mongolia*, *Kazan* et
Angara.

La Convention de 1899 se contente d'une notification.
L'adhésion des belligérants à l'assistance offerte n'est
pas nécessaire, même si celle-ci émane de particuliers
ou de Sociétés neutres.

Il serait excessif de ne permettre la notification qu'au
moment où s'ouvrent les hostilités : un belligérant, sur-
pris par la guerre, peut n'avoir pas construit ou aménagé
d'avance des hôpitaux militaires ; la lutte peut prendre de
si grandes proportions que les bâtiments existants soient
jugés insuffisants ; enfin les particuliers, belligérants et
neutres, ne songeront presque toujours à faire œuvre d'assistance qu'après les horreurs des premières batailles.
Aussi la Convention autorise-t-elle la notification, même
« au cours des hostilités » ; elle doit seulement précéder
l'emploi des navires pour leur nouveau service. Pendant
la guerre de 1904-1905, la notification du *Rosetta-Maru*
ut faite en juin 1904, quatre mois après l'ouverture du
conflit.

Les articles 1er, 2 et 3 ne prévoient la communication des
noms des navires sanitaires qu'aux puissances belligérantes. Dans le silence de la Convention, on ne saurait
l'imposer vis-à-vis des États neutres. Il est cependant à
désirer qu'elle leur soit faite, ne serait-ce que par une inser-
tion dans le Journal officiel des États participant au service sanitaire : les neutres, en effet, on le verra (p. 90-91),
peuvent avoir intérêt à connaître les noms des bâtiments
d'assistance que la nécessité ou les périls de la mer con-
duiront dans leurs ports (art. 1er, al. 2).

d) L'affectation hospitalière donnée à un navire et communiquée aux intéressés ne doit pas pouvoir être modifiée

pendant la durée de la guerre : il ne faut pas qu'on attribue la nature sanitaire à un bâtiment pour le faire parvenir en sécurité à un endroit déterminé où on le transformera en navire destiné à des opérations hostiles. Aussi, pour attacher à cette affectation un caractère indélébile, la Convention stipule (art. 5) que les navires d'État et les navires privés, belligérants ou neutres, ne seront admis à l'œuvre d'assistance qu'à condition d'avoir leur coque peinte extérieurement d'une façon particulière. Il y a d'ailleurs, dans l'intérêt du service hospitalier, avantage à ce que les bâtiments se distinguent facilement et de loin. A ce point de vue, toutefois, une différence est faite par l'article 5 entre les bâtiments d'État et les bâtiments privés, neutres ou ennemis Les premiers doivent être revêtus d'une « peinture extérieure blanche avec une bande horizontale verte d'un mètre et demi de largeur environ » (art 5, al. 1ᵉ). Les autres doivent avoir une « peinture extérieure blanche avec une bande horizontale rouge d'un mètre et demi de largeur environ » (art. 5, al. 2). Mais, ces dispositions précises n'étant matériellement possibles que pour les bâtiments d'une certaine dimension, la Convention ajoute (art 5, al. 3) : « Les embarcations des bâtiments qui viennent d'être mentionnés, comme les petits bâtiments qui pourront être affectés au service hospitalier, se distingueront par une peinture analogue. » C'est ainsi que, pendant la guerre entre le Japon et la Russie, le *Mongolia*, bâtiment hospitalier équipé en partie aux frais de la Société de la Croix-Rouge russe, fut peint en blanc avec une bande horizontale rouge, tandis que le bateau-hôpital militaire russe *Angara* fut revêtu d'une peinture blanche avec bande verte.

Les bâtiments sanitaires, étant affectés d'une manière permanente à l'œuvre d'assistance, doivent y participer en fait aussi longtemps que dure l'état de guerre. Ils ne sauraient y être soustraits par leur propre volonté ni même par celle de l'État qui les a commissionnés : il importe

que les belligérants ne soient pas exposés à voir à tout
moment leur service sanitaire désorganisé et ne puissent
pas, par des affectations plus ou moins simulées, aider à
leurs opérations hostiles. Cette règle souffre cependant
une exception. L'État neutre qui a autorisé les navires de
ses nationaux ou de ses Sociétés de secours à agir dans un
conflit étranger peut les rappeler à son service s'il vient à
être engagé dans une guerre. C'est lui qui par la délivrance
d'une commission les a autorisés; il doit pouvoir la leur
retirer dès que les circonstances ont changé et que ses
intérêts vitaux l'exigent : ces navires, malgré leur affectation hospitalière au profit des belligérants, gardent, on le
sait, leur nationalité, et c'est toujours de leur gouvernement qu'ils dépendent (p. 81).

e) Il se peut que l'état de la mer ou la fumée des batailles ne permettent que difficilement aux belligérants
d'apercevoir le badigeonnage des bâtiments sanitaires. La
Convention de 1899 prescrit dès lors que, sans exception,
« tous les bâtiments hospitaliers se feront reconnaître en
hissant le pavillon blanc à croix rouge prévu par la Convention de Genève » (art. 5, al. 4). L'emploi de ce signe
est-il bien, à l'égal de la peinture des navires, une condition indispensable du caractère hospitalier des bâtiments de mer ? A s'en tenir à la lettre de la Convention,
on pourrait croire que le drapeau de la Croix-Rouge n'est
qu'un signal dont les vaisseaux doivent user quand ils
veulent effectuer leur œuvre sanitaire : car, d'après le
texte, « c'est en le hissant qu'ils se feront reconnaître ».
Ce serait mal interpréter cette disposition que de lui
donner ce sens. Les navires d'État ou privés, ennemis ou
neutres, doivent, pour pouvoir prétendre à la qualité de
bâtiments hospitaliers, avoir toujours à leur mât le pavillon
de la Croix-Rouge. Celui-ci est, en effet, pour eux une
nouvelle manière d'assurer sans équivoque leur caractère
sanitaire; et l'article 5 met sur la même ligne l'emploi de
ce pavillon et celui du pavillon national.

La Convention de 1899 ne prévoit comme emblème hospitalier qu'un pavillon à croix rouge sur fond blanc, c'est-à-dire le drapeau fédéral suisse aux couleurs interverties dont la Convention du 22 août 1864 a imposé l'emploi (p. 41) et que celle du 6 juillet 1906 a de nouveau et expressément adopté (p. 69). Elle repousse ainsi tous les autres emblèmes qu'à raison de leurs convictions religieuses des pays voudraient substituer à la croix, comme le croissant dont la Turquie a entendu depuis 1876 faire seul usage (1). Pourvu que l'aspect général du pavillon soit respecté, il n'y a pas à s'inquiéter des proportions données au signe qui le constitue. Il n'y a pas à se préoccuper davantage de la dimension du drapeau lui-même. La Convention n'exige pas non plus que le pavillon consiste dans un lambeau d'étoffe : une plaque de tôle peinte en blanc avec une croix rouge répondrait à ses prescriptions. Ce que demande avant tout l'article 5, c'est que le signe avertisse qu'on est en présence d'un bâtiment hospitalier. Il doit donc être visible. Cela autorise à penser que, la nuit, les navires pourraient hisser à leur mât une lanterne blanche à croix rouge. Pendant la guerre russo-japonaise, la Russie a fait connaître à tous les gouvernements, y compris celui du Japon, que ses bâtiments sanitaires porteraient, la nuit, sur la corne d'artimon ou sur le bâton de pavillon d'arrière, trois feux verticaux, dont le supérieur et l'inférieur seraient blancs et celui du milieu rouge (2).

Le pavillon de Genève n'est pas le seul que les navires aient à arborer. Il est intéressant pour les belligérants

(1) La deuxième conférence de la Paix d'où est sortie la Convention de 1907 s'est, à cet égard, montrée moins exigeante (v. plus loin p. 127).

(2) La Convention du 18 octobre 1907, à la différence de celle de 1899, s'est occupée (art 5, al. 6) de la façon dont les bâtiments hospitaliers doivent se faire reconnaître la nuit (v. plus loin, p. 128).

d'être informés à distance de la nationalité des bâtiments
qui viennent à leur secours, car la situation des blessés,
des malades et des naufragés n'est pas la même selon
qu'ils sont recueillis par un navire de leur pays ou par un
navire ennemi ou neutre (v. plus loin, p. 110 et suiv.). En
conséquence, aux termes de l'article 5, tous les bâtiments
hospitaliers ont l'obligation de hisser, avec le drapeau de la
Croix-Rouge, le pavillon de leur nationalité. Cet article a
été appliqué durant la guerre russo-japonaise : c'est ainsi
que l'*Orel* a navigué avec le pavillon national russe et
celui de la Croix-Rouge. Semblable solution allait de soi
pour les bâtiments belligérants. Dès lors qu'on ne se con-
tentait pas du seul pavillon de Genève, de quel autre
drapeau auraient-ils pu faire usage : il n'y avait pas de raison pour leur imposer les emblèmes des deux puissances
en guerre. On pouvait au contraire, en ce qui concerne les
navires neutres, se demander s'il ne serait pas utile, dans
l'intérêt de la discipline et des opérations militaires, qu'ils
se rangeassent sous l'autorité distincte de l'un des belligérants et portassent ainsi son pavillon. La Convention
ne l'a point pensé ; elle a jugé qu'il y aurait quelque chose
de contraire à l'idée de neutralité à incorporer dans la
marine de l'un des États en conflit des navires ayant une
commission officielle de leur gouvernement et en dépendant
par cela même dans une certaine mesure : les bâtiments
hospitaliers neutres gardent d'ailleurs leur autonomie, tout
en étant soumis à plusieurs égards à l'autorité des belligérants (art. 4) (1).

Aucune autre condition n'est imposée par la Convention
de la Haye aux navires pour leur affectation hospitalière.
Elle n'exige pas d'eux des signaux particuliers qui, con-

---

(1) Une solution différente a été donnée par la Convention de
1907 : les navires neutres, placés sous la direction d'un belligérant, doivent en arborer le pavillon (art. 5, al. 4) (v. plus
loin, p. 126).

venus au début de chaque guerre, constitueraient une
sorte de langage secret de l'action charitable. C'est au
code international des signaux, tel qu'il est adopté par
toutes les marines, que les navires sanitaires et les bâtiments de guerre doivent recourir lorsqu'ils ont à offrir, à
demander ou à refuser des secours.

C. — *Immunités et obligations des bâtiments hospitaliers — 1. Immunités.* — *a)* Pour être efficace, l'assistance donnée aux victimes des luttes navales doit jouir
d'une sécurité absolue. S'inspirant de cette idée, la Convention déclare, dans ses articles 1ᵉʳ, 2 et 3, que les bâtiments construits ou aménagés par les États en guerre et
les bâtiments hospitaliers équipés aux frais des particuliers ou des Sociétés de secours des belligérants ou des
pays neutres « seront respectés et ne pourront être capturés pendant la durée des hostilités ». Cela signifie qu'il
est interdit aux belligérants d'attaquer et de bombarder
les navires sanitaires, de s'en saisir, de les détruire, de les
envoyer dans un port pour les y faire juger, de subor-
donner leur liberté au payement d'une rançon. L'œuvre
charitable, comme telle, ne doit être gênée d'aucune
façon. Mais, déclare l'article 4, alinéa 4, c'est « à leurs
risques et périls » que les bâtiments remplissent leur
mission d'assistance. Ce qui veut dire qu'ils ne sauraient se
plaindre si des projectiles viennent par mégarde les atteindre: ils ne sont protégés que contre les attaques et les
bombardements *volontaires*. En novembre 1904, le général
Balashoff, chef de la Société de la Croix-Rouge de Port-
Arthur, dans une lettre adressée à la presse, réclama
contre l'attaque par les Japonais de trois navires-hôpitaux,
clairement marqués, que les Russes durent abandonner;
« ces navires, cependant, étaient dans un endroit écarté
de l'action des Japonais contre les vaisseaux de guerre
russes, et les Japonais qui dirigeaient leur tir du haut de
ballons ne pouvaient se méprendre sur leur nature ». La
Russie avait, dès le début de la guerre, par un ordre du

28 février 1904, article 10, prescrit à ses autorités militaires de se conformer à la Convention de la Haye
appliquant à la guerre maritime les principes de la Convention de Genève. Et, le 2 juin suivant, le lieutenant
impérial Alexeïeff, en annonçant la notification faite par le
Japon du navire hospitalier *Rosetta-Maru*, recommandait
« d'agir à l'égard de ce navire conformément aux règles de
la Convention de la Haye ».

L'immunité ainsi conférée aux différents navires sanitaires constitue une dérogation importante aux règles du
droit commun. Sur mer, en effet, la propriété publique
des belligérants est confiscable à titre de butin de guerre
aussi bien que sur terre, et la propriété privée ennemie
n'est pas inviolable, contrairement à ce qui a lieu dans la
guerre continentale. A s'en tenir aux principes, les navires
belligérants qui appartiennent à l'État (bâtiments-hôpitaux militaires) et ceux qui forment une propriété privée
(bâtiments hospitaliers des particuliers ou des Sociétés de
secours auraient donc été, par leur qualité même, sujets
à capture. Les bateaux sanitaires neutres n'auraient pas
davantage échappé à la saisie; car, dans la rigueur du
droit, on peut considérer qu'ils méconnaissent les devoirs
de la neutralité quand ils fournissent des secours aux
marins et aux militaires des belligérants : par là ils débar-
rassent ceux-ci d'*impedimenta* qui les gênent dans leurs
opérations. Ainsi, pendant la guerre de Crimée, un navire
neutre fut déclaré de bonne prise en Angleterre parce
qu'il avait été trouvé transportant des naufragés russes.

b) Cette immunité, qui concerne les rapports des navires
hospitaliers avec les belligérants, n'est pas la seule que la
Convention de la Haye leur reconnaisse; une seconde
leur est encore accordée qui a trait à leurs relations avec
les États neutres. Et celle-ci est, comme la première, —
tout au moins pour certains d'entre eux, — une dérogation
grave au droit commun. Il se peut que, dans l'intérêt des
blessés, des malades et des naufragés, des bâtiments sani-

taires soient dans l'obligation de relâcher dans un port neutre. Quelle sera leur situation si on leur applique les principes du droit de la guerre ? Elle variera selon qu'il s'agit de navires d'État belligérants ou de navires privés, ennemis ou neutres : ceux-ci pourront y demeurer, s'y ravitailler, en sortir à leur volonté ; ceux-là, faisant comme les navires de guerre partie de la marine militaire des belligérants, y seront, comme eux, assujettis à des restrictions gênantes quant à la durée de leur séjour, aux conditions de leur départ et de leur ravitaillement. Les blessés, malades et naufragés se trouveraient ainsi subir un traitement différent suivant qu'ils seraient sur un navire d'État ou sur un navire privé, et dans le premier cas ils seraient exposés à des rigueurs qui entraîneraient pour eux des souffrances nouvelles. Pour obvier à ces inconvénients, l'article 1er, alinéa 2, a décidé que « les bâtiments-hôpitaux militaires ne seront pas assimilés aux navires de guerre au point de vue de leur séjour dans un port neutre »(1). Ils seront, dans ce port, considérés comme des navires privés. Il faut toutefois bien comprendre ce texte. C'est seulement au point de vue de leur séjour que les bâtiments-hôpitaux ne doivent pas être traités en vaisseaux de guerre ; car, en dehors de cet ordre d'idées, les blessés, malades et naufragés, loin de souffrir d'un semblable traitement, en recueilleront plutôt un profit. Les bâtiments-hôpitaux jouiront donc, en territoire neutre, comme tous autres navires de la marine militaire, du bénéfice de l'exterritorialité (2).

(1) On peut rapprocher de ce texte l'article 14, alinéa 2, de la Convention de la Haye du 18 octobre 1907 concernant les droits et les devoirs des puissances neutres en cas de guerre maritime.

(2) Au point de vue de la Convention sanitaire internationale contre la peste et le choléra signée à Paris le 3 décembre 1903, et en ce qui concerne le passage en quarantaine du canal de Suez, les navires-hôpitaux ne sont pas traités comme des navires de guerre, mais comme des navires ordinaires (art. 77).

c) Telles sont les deux immunités octroyées par la
Convention de la Haye de 1899 aux bâtiments du service sanitaire. Il en est une troisième qui résulte pour
eux d'une Convention postérieure, signée également à
la Haye le 21 décembre 1904. Aux termes de cet Acte,
conclu par vingt-quatre États (1), en cas de guerre entre
deux ou plusieurs de ces États, les bâtiments hospitaliers,
à l'égard desquels ont été remplies les conditions prescrites
dans les articles 1er, 2 et 3 de la Convention de 1899, sont
exemptés dans les ports des parties contractantes de tous
les droits et taxes imposés aux navires au profit de l'État;
mais ils restent soumis, au moyen de la visite et d'autres
formalités, aux lois fiscales ou autres lois en vigueur dans
ces ports.

2. *Obligations*. — Comme contre-partie des immunités
qui leur sont reconnues, la Convention de 1899 soumet
tous les bâtiments sanitaires sans exception, — d'État ou
privés, ennemis ou neutres — à un certain nombre d'obligations précises. Une même idée les explique : l'action
charitable, quelques facilités qu'on lui assure, ne doit
pas devenir pour les belligérants une cause de préjudice.

a) Les bâtiments d'assistance doivent d'abord s'abstenir
de toutes opérations guerrières. « Les gouvernements, dit
l'article 4, alinéa 2, s'engagent à n'utiliser ces bâtiments
pour aucun but militaire ». Il y a là un véritable engagement d'honneur qu'ils ont contracté en signant la Convention; il y aurait perfidie à le méconnaître. Les navires
sanitaires ne sauraient donc recueillir des informations,

(1) Voici la liste alphabétique de ces vingt-quatre États : Alle-
magne, Autriche-Hongrie, Belgique, Chine, Corée, Danemark,
Espagne, États-Unis d'Amérique, États-Unis mexicains, France,
Grèce, Italie, Japon, Luxembourg, Monténégro, Pays-Bas,
Pérou, Perse, Portugal, Roumanie, Russie, Serbie, Siam,
Suisse. — Au 10 avril 1907 n'avaient pas été déposées les rati-
fications de l'Espagne, de l'Italie, de la Perse et de la Serbie.
— A cette même date, le Guatemala (24 mars 1906) et la Nor-
vège (8 janvier 1907, avaient adhéré à la Convention.

transmettre des dépêches, transporter des combattants, des armes ou des munitions. On ne pourrait même, par leur entremise, envoyer des parlementaires, car cet acte est une opération de guerre. En cas de blocus, ils ne sauraient, sans un accord spécial entre les belligérants motivé par l'urgence, passer à travers les lignes de l'assiégeant pour transporter dans le port bloqué ou en évacuer des blessés, malades et naufragés.

b) La deuxième obligation des bâtiments est de « ne gêner en aucune manière les mouvements des combattants » (art. 4, al. 3). Il leur faudra dès lors, dans l'accomplissement de leur mission, se conformer aux ordres de l'autorité militaire, à quelque parti qu'elle appartienne. Celle-ci peut « refuser leur concours, leur enjoindre de s'éloigner, leur imposer une direction déterminée et mettre à bord un commissaire, même les détenir, si la gravité des circonstances l exige » (art. 4, al. 5) : cela sera par exemple nécessaire pour assurer le secret absolu d'une opération. Il est désirable, afin d'éviter toute contestation sur l'existence ou le sens d'un commandement, que le belligérant le mentionne sur le journal de bord du navire ; mais les circonstances, état de la mer ou extrême urgence, peuvent faire obstacle à cette formalité : l'accomplissement de celle-ci n'étant pas possible d'une manière absolue, un bâtiment sanitaire ne serait donc pas admis à invoquer la non-inscription sur son journal pour se justifier de l'inobservation d'un ordre reçu, alors que la preuve de cet ordre serait autrement fournie (art. 4, al. 6).

c) Les bâtiments mentionnés dans les articles 1er, 2 et 3 sont enfin assujettis au « droit de contrôle et de visite des belligérants » (art. 4, al. 5). C'est pour ceux-ci le seul moyen de s'assurer avec certitude qu'aucun abus n'est commis à bord des navires et qu'ils ne sont détournés en rien de leur destination charitable. Il n'y a pas à s'étonner de voir le droit de visite appliqué même aux bâtiments d'État : ces bâtiments eussent été capturés si on les avait laissés sous l'empire du droit commun ; la visite n'empire donc pas leur situation, elle est une condition du sort plus favorable qui leur est fait. Il y sera procédé dans les formes prescrites par les usages généraux du droit des gens.

Qu'arrivera-t-il si les bâtiments sanitaires ne remplissent pas leurs obligations, s'ils se livrent à l'espionnage, résistent aux ordres des belligérants, s'opposent par la force à l'exercice du droit de visite ? Ayant alors dépouillé leur caractère charitable, seule raison d'être de leurs privilèges, ils ne peuvent plus prétendre à l'inviolabilité ; s'étant transformés en ennemis, ils doivent être traités comme tels. Ils seront en conséquence sujets à capture dans les conditions ordinaires du droit de la guerre. La Convention sans doute ne le dit pas, mais elle le sous-entend : on ne concevrait pas qu'elle eût imposé des obligations précises aux navires sanitaires si celles-ci devaient demeurer sans sanction ; n'autorise-t-elle pas d'ailleurs la détention des bâtiments, même à titre de mesure préventive (art. 4, al. 5)? Le navire-hôpital russe l'*Orel* fut saisi par les Japonais le 27 mai 1905, au commencement même de la bataille navale dans le détroit de Corée, parce qu'il aurait, pendant le voyage de la flotte de l'amiral Rojestventsky, à laquelle il était adjoint : 1° transmis des ordres du commandant en chef de cette flotte à un de ses navires ; 2° gardé le commandant d'un navire anglais saisi par la flotte et trois autres marins étrangers en bonne santé, qu'il se disposait à transporter à Vladivostok ; 3° reçu l'ordre de fournir des munitions et servi de croiseur éclaireur de la flotte. La cour des prises de Sasebo a déclaré la saisie valable pour ces trois motifs le 25 juillet 1905 (1). De même, le navire-hôpital russe

_____

(1) *Rapports principaux sur les affaires russo-japonaises* (en japonais), publiés par le ministère des affaires étrangères de Tokio, t. VII. — Le gouvernement russe n'a pas voulu inter-

Angara, trouvé à Port-Arthur après la capitulation, fut considéré comme de bonne prise par la justice japonaise parce que, après avoir été avarié par les obus japonais et mis ainsi dans l'impossibilité de servir comme bâtiment sanitaire, son personnel aurait été employé comme personnel combattant.

En dehors des obligations qui viennent d'être indiquées et qui, communes à tous les navires hospitaliers, belligérants ou neutres, peuvent leur être imposées par les autorités militaires à quelque parti qu'elles appartiennent, il en est d'autres auxquelles sont encore soumis les bâtiments belligérants vis-à-vis des gouvernements dont ils dépendent : étant au service de ces gouvernements, ils ont, sous la sanction de leurs lois nationales, à obéir aux prescriptions qu'ils édictent.

§ 2. — *Le service hospitalier auxiliaire.*

L'assistance maritime n'est pas réservée aux seuls professionnels. La Convention permet encore à certains navires se trouvant à proximité des escadres ennemies de secourir les blessés, les malades et les naufragés. Il se peut, en effet, qu'à raison de circonstances spéciales il n'existe pas de bâtiments-hôpitaux ou hospitaliers sur le théâtre des hostilités, ou du moins qu'il n'y en ait pas en nombre suffisant. Quels navires constituent le service auxiliaire? Quel est leur rôle? Quelle est leur situation juridique? L'article 6 répond à ces différents points.

a) La Convention déclare susceptibles d'être employés, à titre auxiliaire, à l'œuvre d'assistance, « les bâtiments de commerce, yachts ou embarcations neutres ». Et, en permettant le service charitable à ces bâtiments, elle s'ex-

jeter appel de cette décision. Il a fait sa réclamation par la voie diplomatique.

prime de la manière la plus générale. Ce service est donc
possible pour tous les navires privés, peu importe leur
nature ou leur état : qu'ils aient été spécialement affrétés
dans un but sanitaire ou qu'ils aient été fortuitement en
situation de prêter leur office, qu'ils portent ou non à
leur bord des passagers et des marchandises. Leur action
secourable peut être, indifféremment, spontanée ou de-
mandée par les belligérants, avec ou sans indemnité ; mais,
quoique l'article 6 soit général et que le droit d'angarie
soit encore admis dans la pratique, il est douteux, en
l'absence d'une déclaration expresse, que les commandants
puissent prononcer contre eux une réquisition d'office et
ainsi les détourner de gré ou de force de leur route. Ils
n'ont pas, bien entendu, comme le prescrivent les articles 1er, 2, 3 et 5 pour les bâtiments du service spécial,
à être badigeonnés d'une façon particulière, commissionnés
et notifiés, par leur gouvernement. Il n'est même pas exigé
qu'ils aient à leur mât le drapeau de la Croix-Rouge ; ils
feront bien cependant de l'arborer dans l'intérêt des
victimes de la guerre.

Les bâtiments de commerce, yachts et embarcations
neutres sont-ils les seuls navires qui puissent occasionnellement secourir les victimes de la guerre ?

L'exemption de la capture et la soumission au contrôle
des belligérants sont deux conditions essentielles du
service d'assistance. Il semble donc qu'il ne saurait comprendre des bâtiments que leur nature rend capables de
prise ou exempte du droit de visite des nations en guerre.
Il semble qu'on doive de même en exclure ceux dont le
caractère s'oppose à l'exercice d'un acte belliqueux, car
l'œuvre hospitalière constitue dans la rigueur du droit une
participation aux hostilités. Il faudrait ainsi écarter : 1º les
navires d'État belligérants qui, propriété publique, sont
nécessairement confiscables ; 2º les bâtiments de commerce
ennemis, toujours saisissables comme propriété privée ;
3º les navires d'État neutres qui, représentant la souve-

raineté de l'État dont ils portent le pavillon, ne doivent pas s'ingérer dans la guerre et ne sauraient tolérer un contrôle étranger.

Mais la Convention ne dit rien au sujet de ces divers bâtiments. En doit-on inférer qu'elle a voulu les exclure du service auxiliaire? Cette solution ne serait pas en contradiction avec celle adoptée pour le service charitable spécial, où on a fait fléchir les principes en faveur des bâtiments belligérants, d'État et privés. La situation est en effet toute différente Dans le service spécial, l'exception aux principes est forcément limitée à quelques unités, officiellement désignées et faciles à surveiller ; pour le service auxiliaire, c'est à tous les navires ennemis qu'on devrait l'appliquer, et cela conduirait à détruire absolument en fait le droit de prise de la propriété publique et de la propriété privée : ne suffirait-il pas à un navire d'avoir à son bord quelques blessés pour prétendre à l'inviolabilité, et ne serait-il pas à craindre que dans ce but quantité de bâtiments particuliers ne vinssent sur le lieu des hostilités, gênant considérablement les évolutions militaires ? Il n'y aurait pas davantage contradiction à permettre le service auxiliaire aux navires privés neutres et à le refuser aux bâtiments neutres d'État. Car les devoirs de la neutralité sont autrement étroits pour les États que pour leurs sujets. L'autorisation de l'assistance est d'ailleurs beaucoup plus grave dans un cas que dans l'autre : la visite étant interdite à bord des vaisseaux d'État, les belligérants ne pourraient jamais par ce moyen récupérer les blessés, malades et naufragés recueillis par eux ; cela leur est au contraire possible sur les navires particuliers qu'il leur est loisible de visiter (v. plus loin, p. 116).

On peut toutefois difficilement admettre qu'en n'autorisant pas expressément les vaisseaux d'État, neutres ou ennemis, et les bâtiments privés belligérants à faire acte charitable à titre auxiliaire, la Convention ait entendu le leur défendre. Son silence à leur égard ne doit, en défini-

tive, avoir d'autre effet que de les laisser sous l'empire du droit commun. Ces navires agiront à leurs risques et périls. Les bâtiments ennemis ayant à bord des blessés, malades ou naufragés pourront être capturés par les belligérants ; ceux-ci, s'il s'agit des vaisseaux d'un État neutre, pourront considérer que cet État a manqué à sa neutralité et agir en conséquence contre lui. Cela a été formellement reconnu à la Conférence : « Un bâtiment de commerce d'un belligérant portant des blessés ou des malades, lit-on dans le rapport général, reste sous l'empire du droit commun et, par suite, est exposé à la prise ». La situation, d'ailleurs, s'est présentée pendant la guerre russo-japonaise. Le 22 février 1901, dans le port de Tchemulpo, les navires de guerre anglais *Talbot*, français *Pascal* et italien *Elba* recueillirent les équipages des vaisseaux russes *Variag* et *Koreïetz* qui s'y étaient réfugiés après un combat meurtrier avec les Japonais. Et le Japon n'éleva de ce chef aucune protestation sérieuse.

On doit assimiler aux bâtiments mêmes les chaloupes et les canots qui y sont attachés : en étant les accessoires, ils participent de leur caractère.

b) En quoi consiste exactement le service auxiliaire ? La Convention précise le double rôle que peuvent avoir à jouer les navires neutres : ils « portent » et « recueillent » les « blessés, malades ou naufragés des belligérants ». *Recueillir*, c'est aller prendre aux vaisseaux de combat ou en recevoir les victimes de la lutte ; *transporter,* c'est les conduire, après les avoir recueillies, sur les bateaux-hôpitaux et les navires hospitaliers.

c) Les bâtiments neutres sont-ils, dans l'un et l'autre cas, des navires d'assistance auxiliaire ? Cela revient à se demander s'ils sont toujours exempts de capture, car, d'après l'article 6, l'inviolabilité est la condition même de l'assistance. Or, sur ce point, la Convention n'est peut-être pas très explicite : « Les bâtiments de commerce, yachts ou embarcations neutres, *portant* ou *recueillant* des blessés, des malades ou des naufragés des belligérants, ne peuvent être capturés pour le fait de ce *transport*, mais ils restent exposés à la capture pour les violations de neutralité qu'ils pourraient avoir commises ». A prendre ce texte à la lettre, on pourrait croire que le transport seul dispense de la saisie : le fait de transporter et celui de recueillir sont en effet visés dans l'hypothèse, le transport seul est prévu dans la solution. Cette interprétation serait cependant erronée. La rédaction défectueuse du texte s'explique par sa transformation au cours des débats de la Conférence : à l'origine, il n'envisageait que le fait de *porter* des blessés, malades ou naufragés ; c'est après coup que le comité de rédaction y a joint celui de les *recueillir*, et il a été procédé de la sorte précisément, comme l'a observé le rapporteur général, pour répondre à une question du plénipotentiaire des États-Unis, le capitaine Mahan, sur la situation des bâtiments neutres *recueillant*, sur le théâtre des hostilités, les victimes de la lutte ; on a bien ainsi assimilé le fait de recueillir au fait de transporter, et si la répétition n'a pas été reproduite dans la partie finale, c'est simplement par suite d'un oubli ou par le désir d'une rédaction plus brève.

L'exemption de capture appartient donc aux bâtiments neutres, qu'ils recueillent ou seulement transportent des blessés, malades et naufragés : ils font, dans les deux cas, œuvre d'assistance auxiliaire. Et, en présence de la généralité du texte, il ne faut pas distinguer si l'un et l'autre de ces faits ont lieu pendant ou après le combat : cela a été dit, du reste, dans le rapport général. Enfin, en faisant grief aux navires auxiliaires des délits de neutralité qu'ils peuvent commettre, l'article 6 sous-entend que leurs secours doivent s'adresser à tous, sans distinction de nationalité.

Mais, si les bâtiments neutres ne peuvent être capturés pour avoir recueilli et transporté des blessés, des malades ou des naufragés, en dehors de là ils demeurent soumis au droit ordinaire de la guerre. D'où une série de règles :

1º « Ils restent exposés à la capture pour les violations de neutralité qu'ils pourraient avoir commises » (art. 6, *in fine*). Et cela, sans aucune limitation : l'assistance charitable est la seule infraction à la neutralité que la Convention de la Haye ait fait disparaître à leur égard. Ils seront donc, comme tous les neutres, passibles de saisie, si, par exemple, ils transportent de la contrebande de guerre ou violent un blocus.

2º Une seconde règle, imposée par la première, est qu'ils sont assujettis au droit de visite des belligérants.

3º Ils doivent encore s'abstenir de s'approcher des vaisseaux de guerre pour en recueillir les blessés, malades ou naufragés, si l'autorité maritime le leur défend. C'est en effet une règle certaine en droit international que les belligérants sont en droit d'éloigner du théâtre des hostilités tous ceux, même les neutres, qui peuvent gêner leurs opérations militaires. L'article 4, alinéa 5, le dit d'ailleurs formellement pour les bâtiments du service hospitalier spécial.

Section II. — Du personnel sanitaire.

La Convention de la Haye indique avec précision la composition du personnel sanitaire et les immunités qui lui sont accordées.

§ 1er. — *Composition du personnel sanitaire.*

L'article 7 attribue le bénéfice de l'inviolabilité au « personnel religieux, médical et hospitalier ». Trois catégories de personnes constituent ainsi le personnel sanitaire.

a) Le personnel religieux comprend tous ceux qui ont

qualité pour apporter aux malades et aux blessés le ré·
confort moral que donnent les pratiques de la religion. Il
n'y a pas à distinguer suivant la religion à laquelle appartiennent les ministres du culte : les termes de la Convention sont des plus larges. Il n'y a pas davantage à
distinguer s'ils ont ou non un lien officiel avec les armées.
En effet, le texte prévoit le personnel religieux de « *tout*
bâtiment capturé » : ce qui comprend celui des navires
privés, sans attaches avec l'État, comme celui des bâtiments équipés par les soins ou sous le contrôle de celui-
ci ; les navires neutres sont à ce point de vue assimilés
aux navires belligérants, et parmi ceux-ci il n'y a aucune
différence à faire entre les vaisseaux de combat et les
navires d'assistance commissionnés ou non.

b) Les mêmes solutions doivent être appliquées en ce
qui concerne le personnel médical, car l'article 7 s'exprime
à son égard comme à l'égard du personnel religieux. On
doit donc ne faire aucune différence selon que le personnel
médical est attaché à tel ou tel navire, appartient à l'élément militaire ou à l'élément civil. Sous ce terme il faut
entendre les médecins, les chirurgiens, les pharmaciens.

c) C'est également du personnel hospitalier de *tout*
bâtiment que s'occupe la Convention. Et, par l'expression
« personnel hospitalier », il faut entendre quiconque est
employé aux soins et à l'entretien des victimes de la guerre:
les infirmiers, les brancardiers, les administrateurs sanitaires, par exemple les comptables des hôpitaux et infirmeries.

Il convient de remarquer que l'article 7 parle du « *personnel* religieux, médical et hospitalier des navires ». Cela
indique qu'il envisage seulement les personnes attachées
d'une manière exclusive aux services religieux, médical et
hospitalier. Il écarte ainsi ceux qui ne sont pas une
dépendance du bâtiment où ils fonctionnent et ceux
qui sur ce bâtiment ne sont employés qu'occasionnellement aux services dont il s'agit. Cette remarque a

3***

son importance, surtout pour les brancardiers qui, dans
certains pays, loin de constituer un corps à part, sont des
soldats ou des hommes de l'équipage requis accidentel-
lement pour le relèvement des blessés et malades et qui,
leur mission terminée, reprennent leur rôle de combattants. Elle n'a pas toutefois de raison d'être pour ceux
opérant sur un bateau-hôpital ou sur un bâtiment hospitalier, car sur ces navires, à raison de leur nature spéciale,
il n'est personne qui doive s'occuper d'autre chose que de
l'œuvre hospitalière : ceux qui aident au transport des
blessés et malades ne peuvent donc être que des brancardiers.

§ 2. — *Immunités et situation légale du personnel sani-
taire.*

Il n'y a pas à se préoccuper de la situation du personnel
sanitaire sur les navires qui ne sont pas soumis à capture :
le bâtiment étant respecté, le personnel qu'il porte ne sera
pas troublé dans l'exercice de ses fonctions.

C'est seulement sur les bâtiments passibles du droit de
prise qu'il peut en être question. Et ici le problème se
pose pour tous ces navires, qu'ils soient insaisissables en
droit mais saisissables en fait ou saisissables à la fois en
droit et en fait. Elle s'élève ainsi, d'une part, pour les
bateaux-hôpitaux militaires, les bâtiments hospitaliers
neutres ou belligérants et les navires du service auxiliaire
lorsqu'ils ont commis des actes contraires à leur mission
ou à la neutralité, et, d'autre part, pour les navires de
guerre ennemis ayant à leur bord un personnel sanitaire,
les bâtiments d'État et privés belligérants non commissionnés et les navires d'État neutres portant des blessés,
malades ou naufragés.

Comment la Convention a-t-elle résolu la difficulté ?
Dans la rigueur du droit, le personnel sanitaire, faisant
partie de l'équipage, aurait dû être, comme lui, déclaré de

bonne prise. Pour éviter ce résultat, contraire aux idées
d'humanité et qui était un contresens dès lors qu'on
secourt les victimes des guerres navales, l'article 7 déclare
que « le personnel religieux, médical et hospitalier de
tout bâtiment capturé est *inviolable* ».

En proclamant que le personnel charitable est *inviolable*, la Convention veut dire tout d'abord qu'il ne peut
être attaqué : il est protégé contre les fureurs de la guerre.
Il ne s'ensuit pas cependant qu'il ne subira jamais de
dommages : des balles égarées ou des coups involontaires
pourront l'atteindre. Ce à quoi on a entendu seulement le
soustraire, c'est à un préjudice causé intentionnellement.

Il doit, en second lieu, demeurer libre. « Il ne peut, dit
l'article 7, être fait prisonnier de guerre. » Libre dans sa
personne, il l'est aussi dans ses biens, même s'il est
ennemi, malgré la règle du droit maritime que la propriété
privée est saisissable. « Il emporte, en quittant le navire,
les objets et les instruments de chirurgie qui sont sa propriété particulière. » Formule générale qui lui permet de
conserver jusqu'à ses armes ; car il a le droit d'être armé :
cela est nécessaire pour sa défense et celle des malades et
blessés.

Étant inviolable, il peut enfin continuer sa mission
charitable après que le navire a été capturé ; il en a même
l'obligation. Il se doit tout entier à ses malades : c'est la
raison d'être de son immunité, et il est possible que le
vainqueur n'ait pas à sa disposition des médecins et infirmiers en nombre suffisant pour soigner les hommes tombés
en son pouvoir. Seulement, il passe avec ceux-ci sous les
ordres de l'ennemi. C'est dès lors à ce dernier de juger
si, et pendant combien de temps, il convient de le garder
à bord. Le personnel sanitaire, observe l'article 7, alinéa 2,
« continuera à remplir ses fonctions tant que cela sera
nécessaire, et il pourra ensuite se retirer lorsque le commandant en chef le jugera possible ». Le commandant en
chef ne doit s'inspirer ici que des nécessités du service

hospitalier ; il se rappellera qu'en principe, d'après l'article 8, « les marins et les militaires embarqués blessés ou malades sont soignés par les capteurs », et que le personnel capturé n'est pas prisonnier de guerre. Il ne saurait par suite le retenir capricieusement. Les Japonais, qui en 1905 capturèrent le bateau-hôpital russe l'*Orel* pour immixtion dans les hostilités, n'ont pas permis aux médecins de ce navire d'en soigner les malades.

Tant que le personnel est aux mains de l'adversaire, comme il est inviolable, il ne doit rien perdre de son ancienne condition. Il en résulte qu'il continuera de toucher un traitement, s'il en avait un, et que ce traitement sera non celui accordé au personnel du même grade dans l'armée ennemie, mais celui qu'il recevait lui-même dans sa propre armée : c'est une autre solution qu'a adoptée sur ce point la Convention de Genève de 1906 (art. 13) (ci-dessus, p. 59). « Les belligérants, dit l'article 7, alinéa 3, doivent assurer au personnel tombé entre leurs mains la jouissance intégrale de son traitement » (1). Le personnel médical de la marine russe que les Japonais retinrent à Port-Arthur après la capitulation de cette ville pour y soigner les blessés et les malades fut logé et entretenu par l'armée japonaise et, à raison de cette circonstance, il refusa les allocations qu'elle voulut lui donner.

Les immunités ainsi accordées ont un caractère absolu. Alors même qu'un capteur rencontrerait dans le personnel sanitaire de son ennemi des individus considérés par lui comme des déserteurs, il n'en devrait pas moins les respecter.

Aucune condition, non plus, n'est mise par la Convention à l'inviolabilité du personnel religieux, médical et hospitalier.

_____

(1) La nouvelle Convention de la Haye s'est inspirée (art. 10, al. 3) de la règle établie par la Convention de Genève de 1906 (v. plus loin, p. 138).

Il n'est donc pas besoin, pour qu'elle existe, que ce personnel soit trouvé par l'ennemi dans l'exercice *effectif* de ses fonctions · sa présence sur le navire capturé est suffisante.

Il n'est pas davantage nécessaire qu'il porte un emblème distinctif le signalant à l'attention. Le brassard à croix rouge exigé par les Conventions de Genève (1864, art. 7; 1906, art. 20) ne l'est point par celle de la Haye, et la question est trop importante pour croire que son silence n'ait pas été intentionnel. On le comprend au surplus. Cet emblème, n'étant visible qu'à courte distance, ne saurait protéger contre la canonnade. D'autre part, en cas de capture du navire, il est ou inutile ou sans valeur. Inutile : pour les bateaux-hôpitaux et les bâtiments hospitaliers dont l'équipage, en dehors des hommes employés à leur mise en marche, appartient nécessairement au service d'assistance, et pour les vaisseaux de guerre, où le personnel sanitaire a — signe autrement sérieux — un uniforme spécial. Sans valeur : vis-à-vis des navires qui, comme les navires privés non commissionnés, ennemis ou neutres, ont — quand ils en ont un — un personnel charitable exclusivement civil, car alors le brassard, si facile à mettre et à ôter, ne peut empêcher la fraude que s'il est accompagné d'un certificat d'identité, et celui-ci ne saurait exister : comment des embarcations qui n'ont jamais que par accident des blessés et des malades à leur bord auraient-elles à cette fin, en quittant le port, demandé à leur gouvernement des pièces d'identité? Le belligérant capteur, pour reconnaître le personnel sanitaire, doit s'en tenir à ses propres lumières.

Puisque le personnel religieux, médical et hospitalier ne bénéficie de l'inviolabilité qu'à raison de son caractère charitable, il va de soi que celle-ci doit disparaître, si, le dépouillant, il s'immisce dans les hostilités, si par exemple il transmet des renseignements militaires à un des belligérants ou fait usage de ses armes autrement que comme moyen de défense.

SECTION III. — **Des blessés, malades et naufragés.**

§ 1er. — *Obligations envers les blessés, malades et naufragés.*

Tandis que, dans la guerre continentale, il ne peut y avoir que des blessés et des malades, dans la guerre maritime, il y a de plus des naufragés. La Convention de la Haye impose à l'égard des uns et des autres certaines obligations. « Les bâtiments mentionnés dans les articles 1er, 2 et 3, dit l'article 4, alinéa 1er, porteront secours et assistance aux blessés, malades et naufragés des belligérants sans distinction de nationalité. » « Les marins et les militaires embarqués blessés ou malades, à quelque nation qu'ils appartiennent, déclare l'article 8, seront protégés et soignés par les capteurs. » Ces textes montrent qu'il ne s'agit pas ici d'une simple faculté, d'un devoir purement moral. Ils ne garantissent pas toutefois aux victimes de la guerre qu'elles n'éprouveront aucun mal superflu,'ils entendent seulement que le possible sera fait pour diminuer les périls de la lutte.

Il doit d'abord être « porté secours et assistance aux blessés, malades et naufragés ». Cela signifie qu'il faut aller chercher à bord ou autour des vaisseaux dont elles dépendent les victimes du combat et que, mises en lieu sûr, elles seront soumises au traitement que réclame leur état : l' « assistance » implique protection et soins. Et cette double obligation est imposée aux belligérants aussi bien qu'aux neutres affectés à l'œuvre charitable : c'est, en effet, à tous les bâtiments « mentionnés dans les articles 1er, 2 et 3 » qu'elle s'applique.

Mais des obligations existent également pour les vaisseaux de combat L'article 8, qui suppose qu'un belligérant « capture » un bâtiment, ce qui doit s'entendre d'un navire ennemi ou d'un bâtiment hospitalier qui n'a point rempli ses obligations, exige qu'il en « protège » et « soigne » les « blessés ou malades ». Il agira de la sorte, selon les circonstances, sur le navire capturé lui-même ou à son propre bord ; il pourra encore, et ce sera le cas le plus fréquent, remettre les blessés et les malades à un bâtiment hospitalier de son choix, qu'il aura appelé ou qui se sera approché.

Est-ce à dire, parce que l'article 8 ne parle point des « naufragés », que les navires de combat n'auront pas à les sauver, comme les bâtiments sanitaires? Cette solution serait erronée. Le principe que les victimes de la guerre doivent être secourues est une de ces règles générales qui s'imposent en vertu de la coutume et en dehors d'un texte spécial. D'ailleurs, l'article 9 prévoit, pour les déclarer prisonniers de guerre, que « des *naufragés*, blessés ou malades d'un belligérant tombent au pouvoir de l'autre », et il a été entendu à la Conférence que « les embarcations ennemies dépendant d'un bâtiment de guerre peuvent, sous réserve de capture, recueillir des naufragés ».

En déclarant que les victimes des opérations militaires seront « soignées », la Convention indique qu'on fera tout ce qui est humainement possible pour rappeler à la vie ceux dont la santé est atteinte ou que la balle ennemie a touchés et ceux que la mer a menacé d'engloutir. En ajoutant qu'elles doivent être « protégées », elle veut dire qu'elles ne seront ni maltraitées, ni achevées, ni spoliées de leurs effets.

Les navires neutres du service auxiliaire n'ont pas l'*obligation* de porter secours aux blessés, malades et naufragés; c'est pour eux une simple faculté qu'ils exercent spontanément ou sur la demande des belligérants (p. 96). Mais il va de soi que ces navires, s'ils veulent bien concourir à l'œuvre charitable, sont tenus de protéger et de soigner les blessés, malades et naufragés qu'ils ont recueillis et qu'ils transportent. L'article 6, s'il ne le pro-

clame pas expressément, le dit d'une manière implicite :
les faits de recueillir et de transporter seraient souvent
inefficaces sans la protection et les soins.

Ce sont les victimes de la lutte « sans distinction de
nationalité », « à quelque nation qu'elles appartiennent »,
qui profitent de l'action charitable. Cette règle, imposée
par la coutume des nations, est indiquée spécialement par
les articles 4 et 8. Il s'ensuit que chaque belligérant —
bâtiments sanitaires spéciaux ou auxiliaires, ou navires
combattants — traitera les soldats de son adversaire
comme les siens propres. Et cela, sans avoir égard à leur
origine : qu'ils soient sujets des États en guerre ou sujets
d'une tierce puissance au service de ces États. Des termes
de l'article 8 on peut même induire que le capteur ne
saurait faire un sort moins favorable à ceux de ses nationaux qu'il aura trouvés combattant sur le navire saisi : c'est
après les avoir soignés qu'il les punira de leur crime. A
plus forte raison les neutres ne doivent-ils établir aucune
différence entre ceux qui ont besoin de leur assistance.

La Convention parle d'une manière générale « des blessés, des malades et des naufragés ». Il n'y a ainsi à envisager ni la gravité de la blessure, de la maladie ou du
naufrage, ni le moment où le dommage s'est produit. Elle
s'applique après, pendant, même avant la bataille : on
peut en effet supposer les victimes d'une opération,
recueillies par un navire de leur nationalité qui prend part
à un nouveau combat.

C'est avec intention qu'elle a parlé des blessés, malades
ou naufragés et non pas des « victimes de la guerre maritime ». Ses prescriptions doivent être suivies dès qu'il
existe des blessés et des malades à bord d'un bâtiment de
mer, sans qu'il y ait à rechercher si c'est sur mer ou sur
terre que la blessure a été faite ou que la maladie s'est
déclarée. Un navire affecté au transport par mer de victimes d'opérations continentales sera donc admis à les
invoquer.

Mais, d'après la Convention, les blessés, malades et naufragés qu'il faut secourir sont les « marins » et les « militaires ». C'est dire qu'elle régit, sur les navires, les soldats de l'armée de terre comme ceux de l'armée de mer. Le texte, qui fait abstraction du grade et du bâtiment d'attache (cuirassé, croiseur, torpilleur, etc.), doit s'interpréter dans son sens le plus extensif. Il comprend dès lors non seulement les combattants, mais tous ceux qui, à un titre quelconque, font partie de l'armée : mécaniciens, chauffeurs, ouvriers, fonctionnaires de l'intendance, personnel sanitaire. Les maux de la guerre peuvent les atteindre tous ; l'humanité veut qu'ils soient uniformément assistés.

Il n'y a pas d'ailleurs à distinguer suivant la portion de l'armée à laquelle ils appartiennent. L'armée de réserve et l'armée territoriale sont assimilées à l'armée active. La marine auxiliaire ou volontaire, qui constitue une force navale belligérante, et les corsaires, dans les pays que n'oblige point la Déclaration de Paris du 16 avril 1856, abolitive de la course (1), peuvent invoquer aussi la Convention de la Haye.

Un seul cas échappe à ses dispositions. Un navire privé, sans lettres de marque ou non incorporé dans la marine de l'État, est attaqué par l'ennemi, la propriété privée étant saisissable sur mer ; s'il se défend, il n'aura pas droit au bénéfice de la Convention. Sa résistance n'a pu suffire, en effet, à le transformer en une force armée de son pays. Les blessés, malades et naufragés de ce navire seront-ils pour cela nécessairement abandonnés ? Leur protection aura alors comme fondement les sentiments d'humanité qui doivent animer tout belligérant.

---

(1) États-Unis de l'Amérique du Nord, et les pays en guerre avec eux. — Les États-Unis d'Amérique sont aujourd'hui le seul pays qui n'ait point adhéré à la Déclaration de Paris ; l'Espagne et le Mexique, qui ne l'avaient pas acceptée, y ont accédé pendant la Conférence de la Paix de 1907.

§ 2. — *Situation légale des personnes recueillies.*

1. *Principes.* — Quoique blessés, malades ou naufragés,
les marins et militaires n'en demeurent pas moins, comme
ceux qui ont échappé à toute atteinte, des belligérants
ayant conservé leur nationalité. Ils restent donc soumis
aux règles générales de la guerre. Ce qui conduit à dire
qu'ils deviennent des prisonniers s'ils tombent au pouvoir
de l'ennemi, mais qu'ils gardent leur liberté s'ils ne sont
pas séparés de leur armée. Telle est la situation juridique
que font aux blessés, malades et naufragés les principes
généraux du droit. Telle est aussi celle que leur reconnaît
la Convention de 1899.

a) Elle prévoit expressément dans son article 9 le cas où
les blessés, malades ou naufragés sont recueillis par un
navire ennemi. « Sont prisonniers de guerre, déclare ce
texte, les naufragés, blessés ou malades d'un belligérant,
qui tombent au pouvoir de l'autre ». Et, alors, ajoute-
t-il, « il appartient à celui-ci de décider, suivant les circonstances, s'il convient de les garder, de les diriger
sur un port de sa nation... »

Quand peut-on dire que les blessés tombent au pouvoir
de l'ennemi ? Il en est ainsi quand ils sont recueillis par
un navire de l'ennemi, quelle que soit la nature de celui-ci :
vaisseau de guerre, bateau-hôpital, bâtiment hospitalier
ou simple navire de commerce. « Le principe très simple
qu'il faut appliquer, a-t-on dit à la Conférence, est le suivant : un belligérant a en son pouvoir des combattants
ennemis ; ces combattants sont ses prisonniers. Peu
importe qu'ils soient blessés, malades ou naufragés, *qu'ils
aient été recueillis par tel ou tel bâtiment. Ces circonstances de fait ne changent pas la situation de droit.* »

Étant alors des prisonniers de guerre, les blessés, les
malades et les naufragés seront soumis aux règles générales

appliquées à ceux-là par le droit des gens. Des mesures
de surveillance pourront donc être prises à leur égard ;
car, comme les prisonniers valides, ils peuvent tenter de
s'évader à leurs risques et périls. Mais ce sont des prisonniers spéciaux : leurs blessures ou leurs maladies imposent
au capteur le devoir de les soigner.

b) Lorsqu'au contraire les victimes de la guerre ont été
recueillies par des bâtiments de leur nationalité, elles
seront libres au même titre que les combattants valides
de leur flotte, et, après avoir reçu les soins qui leur sont
dus, elles rentreront dans le rang pour se battre à nouveau. La Convention ne le dit pas expressément, mais
elle le sous-entend, puisque c'est le droit commun auquel
elle n'a pas dérogé.

Il n'y a pas à cet égard à distinguer selon les bâtiments
où les victimes ont été transbordées : bateau-hôpital ou
navire hospitalier spécialement affectés au service charitable, vaisseau de guerre ou embarcation privée.

Il en est ainsi même dans l'hypothèse où c'est grâce à
l'ennemi que des blessés, des malades ou des naufragés
ont été sauvés par des navires de leur nationalité : ils ont
été par exemple recueillis par ces navires en présence et
avec le consentement de leur adversaire qui aurait pu les
faire prisonniers. Leur liberté reste toujours entière : il
ne leur sera pas imposé de ne plus servir pendant la
durée de la guerre. En autorisant le sauvetage de ses
ennemis, le belligérant a renoncé au droit de saisie qu'il
pouvait exercer sur eux ; on ne peut lui rendre indirectement et d'une autre manière le droit qu'il a ainsi
abandonné. S'il a permis ce sauvetage , c'est d'ailleurs moins pour satisfaire des raisons d'humanité que
parce qu'il y trouvait son avantage : il échappait de la
sorte aux embarras que lui auraient causés à bord des
hommes peut-être en état de combattre et partant dangereux ; ses propres bâtiments sanitaires n'étant pas
sur les lieux pour les recevoir, il avait tout intérêt à

n'en pas encombrer les cales de ses navires de combat.

c) Reste une troisième hypothèse. Des blessés, des malades ou des naufragés ont été recueillis par un bâtiment neutre, hospitalier ou de commerce. Quelle sera alors leur condition légale? La Convention de la Haye ne prévoit pas expressément ce cas, mais les principes généraux suffisent à le résoudre. Les victimes de la lutte ne sauraient évidemment constituer des prisonniers de guerre, car la première condition exigée pour qu'il y ait captivité, c'est-à-dire le fait de tomber au pouvoir de l'ennemi, ne se trouve pas réalisée. C'est donc l'état de liberté qu'il faut leur reconnaître. Et elles doivent être absolument libres.: elles ne sont même pas soumises à la condition de ne plus servir pendant la durée de la guerre. En effet, par la visite, qui vaut capture, et que les articles 4, alinéa 5, et 6 autorisent les belligérants à pratiquer sur le navire neutre, elles peuvent être faites prisonniers de guerre. La situation n'est pas ici la même qu'au cas où des blessés et malades sont reçus sur un territoire neutre : le territoire, à la différence du navire neutre, est à l'abri de toute recherche des belligérants.

Il est un cas cependant où la liberté des victimes doit disparaître dans une certaine mesure. C'est celui où un navire neutre *d'État*, faisant passer les exigences de l'humanité avant les devoirs de la neutralité, les a recueillies à son bord : car le navire, censé territoire de l'État, échappe alors, comme celui-ci, au droit d'investigation des belligérants. Dans ce cas, que la Convention n'a pas davantage prévu, il faut traiter les blessés, malades et naufragés comme on traite les combattants qui se réfugient en territoire neutre : l'État neutre doit les garder et les surveiller de façon qu'ils ne puissent pas reprendre les armes. La question s'est posée dans l'affaire des marins russes recueillis à Tchemulpo par des croiseurs anglais, français et italien ; un instant les Japonais songèrent à les réclamer comme prisonniers de guerre ; mais, après des

négociations avec les commandants, il fut décidé que les
équipages sauvés seraient emmenés par les vaisseaux
neutres et rendus en dehors du champ des hostilités à des
bâtiments russes qui les conduiraient en Russie où, sur la
promesse du gouvernement, ils ne prendraient plus aucune
part aux opérations militaires.

2. *Dérogations aux principes.* — A ces règles qui découlent, directement ou indirectement, de la Convention de
la Haye, celle-ci et, à son défaut, les principes généraux
du droit apportent une série de dérogations.

a) Première série de dérogations. — Il est des cas où
des blessés, malades ou naufragés, devenus prisonniers de
guerre, pourront, avant la fin de la guerre, recouvrer leur
liberté.

1o Échange. — Cela se produira en premier lieu si un
belligérant échange ses prisonniers contre ceux de son
adversaire. Et il aura le droit de le faire à tout moment :
avant comme après leur guérison. L'échange des prisonniers sera de même permis sur quelque bâtiment qu'ils
aient été recueillis : les bâtiments-hôpitaux ou hospitaliers
comme les navires privés belligérants peuvent se remettre
respectivement leurs blessés, malades et naufragés, car
ceux-ci ont dans tous les cas la condition de prisonniers
de guerre. Revenus sous l'autorité de leur propre pays,
ils reprendront leur entière liberté d'action, sans être astreints à aucune obligation restrictive; ils seront donc en
droit, si leur état le permet, de porter de nouveau les
armes contre l'ennemi. Il n'en sera autrement qu'au cas
où une disposition contraire aurait été insérée expressément dans le cartel d'échange. La remise réciproque n'a pas
sans doute été formellement prévue dans l'Accord de
la Haye ; mais elle n'en est pas moins légitime, car elle
est le résultat d'une convention entre les belligérants, et le
droit commun de la guerre ne défend pas à ceux-ci de
passer entre eux les pactes qu'ils estiment convenables à
leurs intérêts.

2° Renvoi. — Il se peut en second lieu que, sans échange, l'ennemi rende à leur pays les blessés, malades ou naufragés faits prisonniers. Ils seront alors libres ; mais, aux termes de l'article 9 de la Convention, « ils ne pourront servir pendant la durée de la guerre. »

La portée de cette disposition demande à être précisée. En défendant aux prisonniers libérés de « servir », la Convention vise non seulement le service de guerre, mais tout service quelconque ayant trait aux opérations militaires, par exemple les fonctions d'instructeur de recrues, de gardien de locaux, de directeur ou d'employé d'une administration militaire. En effet, le terme employé est général et comprend toutes ces hypothèses. De plus, il est raisonnable qu'il en soit ainsi, car le convalescent libéré affecté à un service non actif peut prendre la place d'un homme valide qui, lui, pourra porter les armes à sa place. Enfin, la discussion de l'article 9 devant la Conférence de la Haye a été significative : on avait proposé de remplacer le mot « servir » par la formule restrictive de « reprendre les armes », et cette proposition fut rejetée.

La sanction de la règle qu'on vient d'indiquer est celle de la violation de l'engagement pris par tout prisonnier libéré sur parole. Si le blessé renvoyé dans son pays venait à retomber au pouvoir de l'ennemi, il n'aurait plus droit au traitement de prisonnier de guerre et il pourrait être traduit devant les tribunaux (art. 12 des Règlements de la Haye de 1899 et 1907 sur les lois et coutumes de la guerre sur terre). .

3° Reprise et visite par l'ennemi. — Des blessés, malades et naufragés à bord du vaisseau de guerre qui les a capturés, et qui n'a pas encore eu le temps de les livrer à un navire sanitaire, redeviennent libres si ce vaisseau est capturé à son tour par un bâtiment de leur nationalité. La reprise les restitue à leur p . d'après les principes du droit international.

Les victimes de la lutte peuvent aussi recouvrer la liberté, quoique à bord d'un navire-hôpital ou hospitalier de l'ennemi. C'est ce qui arrivera si ce navire vient, par application de l'article 4, alinéa 5, de la Convention, à être visité par un croiseur de leur flotte : la visite, par sa seule inscription sur les papiers du bord, a en effet pour conséquence de les faire tomber au pouvoir de celui qui l'exerce. Mais le belligérant pourra-t-il exiger le transport à son bord des blessés et des naufragés qui ne sont plus désormais des prisonniers de guerre ? La Convention n'autorise pas cette pratique, mais ne la défend pas. Il nous semble que les principes conduisent à la déclarer légitime : si le navire et le personnel sanitaires sont insaisissables, les blessés, malades et naufragés demeurent soumis à l'effet ordinaire des lois de la guerre ; le belligérant qui les reprend sera seulement tenu de leur assurer les soins auxquels leur donne droit l'Acte de la Haye, en les remettant par exemple à un bâtiment d'assistance de sa nationalité. Les croiseurs qui récupèrent par la visite leurs blessés et naufragés devenus prisonniers de l'adversaire ne sauraient aller cependant jusqu'à obliger le navire sanitaire à les déposer dans un port de leur propre pays : les bateaux d'assistance, tant qu'ils ont à leur bord des victimes de la guerre, sont seuls juges des soins qu'il convient de leur donner ; or il se peut qu'une traversée plus longue pour atteindre le port national doive augmenter leurs souffrances ; au surplus, ils ne sauraient être détournés des lieux où ils estiment leurs services nécessaires : l'article 4, alinéa 5, sans doute, prévoit bien le cas d'ordres donnés par un belligérant à des navires sanitaires, mais il s'agit seulement dans cette disposition des injonctions que l'intérêt des opérations militaires peut rendre nécessaires.

b) Deuxième série de dérogations. — Visite et capture. — Par les moyens qui viennent d'être indiqués, des blessés, malades et naufragés, prisonniers de guerre, peuvent reconquérir leur liberté ; à l'inverse, des victimes de la lutte, demeurées libres, parce qu'elles auront été recueillies

par des navires nationaux ou neutres, pourront devenir
des prisonniers. Il en sera ainsi lorsque les bâtiments
d'assistance qui les transportent, rencontrés par un croiseur ennemi, seront soumis à sa visite.

C'est ce qui résulte à la fois des règles générales du
droit des gens et de celles de la Convention de la Haye.
Tout soldat qui tombe aux mains de l'adversaire
devient son prisonnier. Or, d'après les principes du droit
international, la visite met au pouvoir de celui qui la
fait le navire qui en est l'objet. Cet effet de la visite a été formellement reconnu à la Conférence de 1899 : « La visite,
lit-on dans le rapport général, est importante, non seulement pour constater que les bâtiments ne sortent pas
de leur rôle, mais aussi *pour déterminer la situation des*
blessés, malades ou naufragés qui se trouvent à bord. »

La visite peut s'exercer sur tous les navires d'assistance,
belligérants ou neutres. La Convention est à cet égard des
plus formelles, puisque, d'une part, dans son article 4, elle
soumet nommément au droit de visite les bâtiments mentionnés dans les articles 1er, 2 et 3, ce qui comprend les
bâtiments-hôpitaux militaires (art. 1er) et les bâtiments
hospitaliers, belligérants ou neutres, des particuliers ou des
Sociétés de secours (art. 2 et 3), et que, d'autre part, dans
son article 6, elle assujettit à la capture pour violations de
neutralité les bâtiments de commerce, yachts ou embarcations neutres, ce qui présuppose qu'ils sont susceptibles
de visite.

Dévenus prisonniers du visiteur, les blessés, malades et
naufragés ne seront pas nécessairement laissés sur le bâtiment sanitaire. Le belligérant pourra, conformément à
l'article 9, les prendre à son bord ou les envoyer vers un
port de sa nation, à la condition de leur donner des soins ;
il pourra également les remettre à un de ses propres navires d'assistance ; toutefois il ne saurait exiger du bâtiment
sanitaire qu'il les y transporte : la règle est ici la même
que lorsqu'il s'agit de marins et militaires visités sur un

navire ennemi par un vaisseau de leur nationalité
(p. 115).

Un belligérant pourra-t-il par la visite reprendre sur un
navire neutre d'assistance *ses propres soldats* qui y sont
soignés? L'effet de la visite lui en donne le droit; mais —
sauf le cas des naufragés, hommes valides qui peuvent
participer immédiatement à la lutte — on ne voit pas
quel intérêt il aurait à le faire, puisque sur un navire
neutre les victimes de la guerre sont libres et sont aussi
bien soignées que sur un bâtiment de leur propre nationalité.

Mais on peut encore supposer que des blessés, malades
et naufragés, ont été recueillis par des vaisseaux nationaux n'ayant aucun caractère hospitalier, comme des
bâtiments de commerce et autres embarcations privées ou
des navires de guerre. De libres qu'ils étaient, ils tom-
beront au rang de prisonniers s'ils font la rencontre d'un
vaisseau ennemi, qui a le droit de les capturer.

Une remarque doit être faite qui est commune aux
deux séries de dérogations précédemment mentionnées. Que
des marins et des militaires libres ou prisonniers deviennent par la visite ou la capture prisonniers ou libres,
on ne peut dire que leur nouvelle qualité leur appartiendra
désormais d'une façon indélébile : en effet, ils pourront toujours, jusqu'à la fin de la guerre, être tour à tour l'objet
de visites ou de captures par chacun des belligérants.
Leur condition ne saurait être vraiment fixée que dans
deux cas : lorsqu'ils ont été envoyés dans un port d'une
des nations en guerre, ou encore dans un port neutre. Car,
aux termes de l'article 9, le belligérant au pouvoir duquel ils
sont tombés a le droit « de les diriger sur un port neutre ».
C'est de cette dernière situation qu'il convient maintenant
de s'occuper.

c) Troisième série de dérogations. — Réception dans un
port neutre de blessés, malades ou naufragés. — Le
refuge en territoire neutre de blessés, malades ou nau-

4*

fragés présente parfois une réelle utilité : il se peut que
la santé des victimes de la lutte exige un débarquement
rapide et que le port le plus voisin soit celui d'une nation
étrangère à la guerre. Deux situations, ici, sont possibles :
1º Les marins et militaires sont déposés dans le port par
un navire *ennemi*, vaisseau de guerre, bateau hospitalier
ou bâtiment de commerce. 2º Ils y sont amenés par un
navire *national* ou *neutre*. La Convention de 1899 les a
prévues l'une et l'autre. En permettant au belligérant qui
tient en son pouvoir des troupes de son adversaire
« de les diriger sur un port neutre », l'article 9 sous-
entend nécessairement que l'autorité de ce port a le droit
de les y recevoir. L'article 10, rédigé de la manière la
plus générale, suppose que « des naufragés, blessés ou
malades sont débarqués dans un port neutre », par un
bâtiment d'une nationalité quelconque. C'est, du reste,
ce qui a été dit dans le rapport général : « Dans certains
cas, y lit-on, un belligérant trouvera grand avantage
à se débarrasser des blessés et des malades qui l'encombrent et le gênent pour ses opérations. Néanmoins,
le plus souvent, le débarquement dans un port neutre
des blessés et des malades recueillis, par exemple à
bord de bâtiments hospitaliers ou de bâtiments de
commerce, aura un caractère exclusivement charitable :
autrement on aggraverait inutilement les souffrances des
blessés et des malades en prolongeant la traversée de
manière à atteindre un port de leur nation. Il pourra
arriver que les blessés et les malades ainsi débarqués
appartiennent aux deux belligérants. »

Quel sera, dans ces deux cas, le sort des personnes
recueillies ? C'est l'article 10 qui répond à cette question :
« Les naufragés, blessés ou malades, qui sont débarqués
dans un port neutre, du consentement de l'autorité locale,
devront, à moins d'un arrangement contraire de l'État
neutre avec les États belligérants, être gardés par l'État
neutre, de manière qu'ils ne puissent pas de nouveau

prendre part aux opérations de la guerre. Les frais d'hospitalisation et d'internement seront supportés par l'État dont relèvent les naufragés, blessés ou malades..» Il résulte de cette disposition que, par la réception en territoire neutre, leur condition se trouve plus ou moins transformée. Dans le premier cas, elle est légèrement améliorée : ils étaient les prisonniers d'un belligérant ; ils sont sous la garde d'un neutre. Dans le second, elle est par contre singulièrement aggravée : ils étaient libres ; ils seront retenus et internés jusqu'à la paix. Il n'est qu'une hypothèse où leur position n'est point changée : c'est celle où ils sont à bord d'un navire d'*État* neutre (p. 112).

Il convient de remarquer que les blessés, malades et naufragés ne sauraient exiger du neutre qu'il les reçoive sur son territoire. Il n'y est pas tenu, c'est de sa part une simple faculté : l'article 10 réserve en termes exprès son « consentement », et on le comprend, car leur réception est pour lui une lourde charge et pourrait devenir en cas d'épidémie un grave péril. Toutefois, aux termes de l'article 10, alinéa 2, « les frais d'hospitalisation et d'internement seront supportés par l'État dont relèvent les naufragés, blessés ou malades ».

Le principe de la réception semble déroger, dans sa double application, à la rigueur du droit commun. La neutralité impose aux États l'obligation de ne faire aucun acte pouvant influer, même indirectement, sur le résultat des hostilités. Or l'asile accordé aux victimes de la lutte paraît bien avoir ce caractère; il fournit une assistance sérieuse aux belligérants : débarrassé par le neutre des blessés, malades et naufragés qui l'encombrent, le navire de guerre pourra continuer plus facilement ses expéditions contre son adversaire, et le bâtiment hospitalier, belligérant ou neutre, aller plus vite chercher de nouveau sur les vaisseaux de combat ceux qui gênent leurs opérations. La Conférence de la Haye a pensé toutefois que les considérations humanitaires devaient ici l'emporter.

Mais depuis que la Convention a été signée, son article 10 a disparu. A la suite de l'opposition de diverses puissances et spécialement de la Grande-Bretagne dont la législation sur l'*habeas corpus* eût nécessité une nouvelle loi pour permettre au gouvernement l'internement des victimes de la guerre débarquées dans les ports anglais, l'article 10 a été rayé pour tous les États ; l'article 9 seul est demeuré. Quelles doivent être les conséquences de cette modification ?

En s'en tenant à la lettre des textes, on pourrait être tenté de dire qu'actuellement le neutre peut encore recevoir sur son territoire les blessés, malades et naufragés d'un vaisseau de guerre ou hospitalier ennemi, mais qu'il n'a plus le droit, sans manquer à ses devoirs, d'accepter ceux dont sont porteurs des navires d'assistance, nationaux ou neutres. Mais les conséquences pratiques de cette théorie seraient évidemment contraires à l'esprit général de la Convention. On en arriverait, en effet, à déclarer la réception permise dans le cas où elle constitue un manquement plus grave aux devoirs de la neutralité, et prohibée dans celui où elle serait le plus favorable aux intérêts humanitaires : la liberté d'un vaisseau de combat est autrement hostile que celle d'un navire d'assistance, et c'est à bord des bâtiments hospitaliers que se trouvent surtout des blessés, des malades et des naufragés. Il faudrait, en outre, admettre que les bâtiments sanitaires belligérants, chargés — ce qui est l'hypothèse ordinaire — de blessés, malades ou naufragés des deux nationalités, ne pourraient débarquer dans les ports neutres que les soldats ennemis, à l'exclusion de ceux de leur pays.

Heureusement, on peut, à l'aide du seul texte qui subsiste, arriver à des solutions plus raisonnables. Il suffit de faire remarquer que l'article 10 se bornait à développer une règle dont le principe demeure sous-entendu dans la Convention. En autorisant le neutre à accueillir les blessés, malades et naufragés devenus prisonniers de guerre, l'article 9 l'a, à plus forte raison, autorisé implicitement à

recevoir ceux qui arriveraient sur son territoire en état de
liberté, car, dans ce cas, son attitude serait moins contraire
à la rigueur du droit que dans l'hypothèse précédente.

Mais si l'asile est ainsi permis dans tous les cas, quelles
en seront les conséquences ? A défaut de l'article 10, qui
prescrivait l'internement de toutes les personnes recueillies,
il faut avoir recours aux principes du droit commun. Or
ces derniers, on l'a vu (ci-dessus, p. 44), semblent imposer
au neutre l'obligation d'interner les militaires qui se réfugient chez lui volontairement et de laisser libres les prisonniers emmenés par l'ennemi. Par application de ces
règles, on doit dire ici que les blessés, malades et naufragés
arrivés sur le territoire neutre à bord d'un navire national
ou neutre, non visité par l'adversaire en cours de route,
devront y rester jusqu'à la fin des hostilités, mais que ceux
qui y auront été conduits à bord d'un navire ennemi, ou
d'un navire national ou neutre, ayant subi la visite de
l'ennemi, devront, après guérison, être remis en liberté (1).

_____

(1) La Convention du 18 octobre 1907 (art. 15) a rétabli la
disposition de l'article 10 de l'Acte de 1899 (v. plus loin,
p. 149).

CHAPITRE II

La Convention de 1907 ne modifie pas la Convention de 1899 dans ses traits essentiels; elle la complète simplement en s'inspirant de l'expérience des guerres récentes et des changements apportés en 1906 à la Convention de Genève du 22 août 1864: cette Convention avait été en 1899 le point de départ des prescriptions à édicter pour la guerre maritime; celles-ci devaient nécessairement subir l'influence des modifications introduites par la Convention de 1906 dans la guerre continentale. Pour faire le commentaire du nouveau texte, il suffira donc, en suivant l'ordre observé dans le précédent chapitre, d'indiquer les différences de rédaction et de solution qui le séparent de la Convention de 1899.

SECTION Iʳᵉ. — Du matériel sanitaire.

Le matériel sanitaire comprend, d'après la Convention de 1907 comme d'après celle de 1899, des bâtiments consacrés spécialement à l'œuvre hospitalière (art. 1ᵉʳ, 2 et 3) et des navires employés occasionnellement au service d'assistance (art. 9).

(1) Elle a' fait l'objet à la Conférence de la Haye d'un remarquable rapport de M. Louis Renault.

§ 1er. — *Le service hospitalier spécial.*

A. — *Bâtiments susceptibles d'une affectation hospitalière.* — La Convention de 1907 prévoit, aussi bien que la Convention de 1899, l'emploi au service hospitalier de bâtiments d'État (art. 1er) et de bâtiments privés, appartenant à des particuliers ou à des Sociétés de secours officiellement reconnues (art. 2 et 3). Les premiers ne peuvent être que des navires belligérants (art. 1er) ; les seconds peuvent être nationaux (art. 2) ou neutres (art 3). Les uns et les autres participent d'ailleurs à l'œuvre d'assistance avec toutes leurs annexes : embarcations, chaloupes et canots.

Mais, à la différence de l'ancien (p. 81), le nouveau texte les fait entrer *tous* dans l'organisation sanitaire des pays en guerre. L'article 3 dispose en effet que les bâtiments hospitaliers « neutres » sont mis « sous la direction d'un des belligérants ». Ce n'est pas à dire cependant qu'ils deviennent des belligérants, ils restent toujours des neutres ; et, par suite, quoique moins sensible, une distinction subsiste toujours entre eux et les navires sanitaires nationaux : ces derniers ne sont pas seulement sous le contrôle de leur pays, ils sont encore à son service (v. p. 95). La position des bâtiments neutres est en définitive analogue à celle des ambulances neutres dans la guerre sur terre (Conv. 1906, art. 11). Et c'est pour des motifs d'ordre militaire, afin d'assurer toute liberté aux mouvements des flottes ennemies, qu'il en a été ainsi décidé.

B. — *Conditions de l'affectation hospitalière.* — Rien n'est changé par la Convention de 1907 aux conditions d'affectation sanitaire exigées des navires d'État et des navires privés belligérants. Ils doivent donc être équipés et aménagés d'une façon particulière (art. 1er, al. 1er, et 2, al. 1er) ; leurs noms sont communiqués, avant toute mise en usage, à la puissance adverse par le belligérant dont ils dépendent (mêmes textes) ; leur coque doit être revêtue d'une peinture spéciale, blanche et verte, ou blanche et rouge (art. 5, al. 1er et 2) ; enfin ils doivent hisser avec leur drapeau national le pavillon blanc à croix rouge prévu par la Convention de Genève (art. 5, al. 4). Les navires privés doivent de plus avoir une commission officielle de leur gouvernement et être porteurs d'un document de l'autorité compétente déclarant qu'ils ont été soumis à son contrôle pendant leur armement et à leur départ final (art. 2, al. 2).

A l'égard des bâtiments neutres, l'œuvre de 1899 a subi au contraire certaines modifications. Trois seulement des conditions anciennes ont été maintenues : un équipement et un aménagement particuliers (art. 3) ; une peinture spéciale de leur coque, blanche et rouge (art 5, al. 2) ; le port du drapeau national et du pavillon blanc à croix rouge (art. 5, al. 4). Les conditions nouvelles auxquelles est subordonné leur usage sanitaire sont au nombre de cinq : elles s'expliquent toutes par le fait que les navires neutr   sont désormais placés sous l'autorité directe d'un belligérant.

a) Il leur faut d'abord déclarer laquelle des flottes en guerre ils désirent assister. Ils doivent, en effet, d'après l'article 3, « se mettre sous la direction de l'un des belligérants ». Ainsi, ce sont les bâtiments eux-mêmes qui choisissent l'armée à laquelle ils seront attachés. Et cela est naturel : les sympathies des neutres peuvent aller à l'une plutôt qu'à l'autre des nations en guerre. La déclaration est faite au gouvernement du pays dont les navires dépendent par leur nationalité et à celui de l'État sous la direction duquel ils entendent se placer. C'est ce qui ressort des autres conditions mises par la Convention à l'affectation hospitalière des bâtiments neutres.

b) Ceux-ci doivent effectivement, avant de se livrer au service d'assistance, obtenir « l'assentiment de leur propre gouvernement ». Il peut n'être pas indifférent à un État neutre que ses sujets se déclarent pour l'un ou pour l'autre des belligérants. C'est un consentement exprès qui est exigé du gouvernement, il ne suffirait pas d'une absence d'opposition de sa part : son silence ne vaudrait pas acquiescement. Mais il n'est plus nécessaire, comme sous la Convention de 1899, qu'il munisse les bâtiments d'une « commission officielle ». On a pensé qu'il serait contraire à la dignité de l'État neutre d'incorporer dans la marine d'un des belligérants des navires ayant une commission officielle.

c) Les navires neutres ne peuvent être utilisés à l'œuvre sanitaire du belligérant qu'ils ont choisi que si celui-ci les y a autorisés (art. 3). Cette exigence n'avait pas sa raison d'être quand la Convention de 1899 leur laissait l'autonomie du pavillon. Il faut un acte formel de la part du belligérant, et c'est de son gouvernement même qu'il doit émaner ; une autorisation du commandant de la flotte serait inefficace : les intérêts de l'État sont ici trop spécialement en jeu pour laisser aux autorités militaires une pareille initiative. L'autorisation du gouvernement belligérant ne doit toutefois intervenir qu'après que les navires neutres ont obtenu le consentement de leur propre État : c'est l'assentiment « préalable » du gouvernement neutre qu'exige l'article 3. Cette autorisation est la seule réclamée par la Convention. Comme on ne peut faire dépendre la constitution des ressources sanitaires d'un belligérant de l'agrément de son ennemi, ce dernier n'a point à intervenir.

d) Il est bon cependant qu'il connaisse les navires neutres mis à la disposition de son adversaire. L'article 3 oblige donc les belligérants à se communiquer respective-ment, dès l'ouverture ou dans le cours des hostilités, en tout cas avant tout emploi, les noms des bâtiments neutres dont ils doivent se servir. Une semblable notification était réclamée déjà par l'Accord de 1899, mais alors c'était la puissance neutre dont dépendaient les navires qui devait la faire aux deux États en guerre (p. 83). Le changement

apporté par la Convention de 1907 à la situation des
bâtiments neutres explique cette modification, qui du reste
s'inspire, ainsi que les deux précédentes, des dispositions
de la Convention de 1906 (art. 11) relatives aux ambulances neutres dans la guerre continentale (p. 56). Le
nouveau texte, pas plus que l'ancien, ne prévoit la communication aux États étrangers à la guerre ; mais, s'il ne
l'impose pas, il ne la défend point, et elle peut avoir
dans certains cas quelque utilité.

e) Une dernière condition, tenant comme les autres à
leur situation nouvelle, est prescrite aux bâtiments hospitaliers neutres. Ils ne doivent pas se contenter d'arborer
leur pavillon national et le drapeau blanc à croix rouge ;
ils doivent de plus — et à une place déterminée : à leur
grand mât — hisser le pavillon national du belligérant sous
la direction duquel ils se sont placés (art. 5, al. 4). Ils ont
ainsi à déployer *trois* pavillons. L'assimilation qu'on a
voulu établir entre ces bâtiments et les ambulances neutres
de la guerre terrestre cesse donc, sur ce point, d'exister,
puisque, d'après l'article 22. alinéa 1er, de la Convention de
1906, ces dernières n'ont à arborer à côté du pavillon de
Genève que le drapeau du belligérant qu'elles assistent
(v. ci-dessus, p. 72). Si les navires neutres sont obligés de
hisser en outre le pavillon de leur nationalité, c'est qu'en
définitive il y a par la nature même des choses une différence entre les deux cas : l'ambulance neutre agit sur un
terrain occupé par le belligérant et nécessairement dans
ses lignes ; au contraire, le bateau hospitalier opère en
pleine mer et à proximité des flottes ennemies.

Telles sont les conditions que, sous l'empire du nouvel
Accord, ont à remplir les vaisseaux belligérants et les
bâtiments neutres pour pouvoir être utilisés au service
sanitaire. Les conditions de 1899 conservées en 1907
doivent au surplus être entendues d'une manière identique.
Cependant, à un double point de vue, des précisions ont
été apportées par le nouveau texte.

Elles ont trait d'abord à l'équipement et à l'aménagement spéciaux des navires. La Convention déclare qu'en les obligeant à ne rien porter qui ne soit destiné au secours des blessés et malades et qui puisse être employé à des actes hostiles, elle n'a pas entendu leur défendre d'armer leur personnel et d'avoir à leur bord une installation radio-télégraphique. C'est ce qui résulte de l'article 8, alinéa 2. L'armement du personnel peut être indispensable au maintien de l'ordre et à la protection des blessés et des malades ; les appareils de radio-télégraphie peuvent servir aux bâtiments pour communiquer avec leur escadre ou avec la terre dans le but de remplir leur mission. Mais, ainsi qu'il a été dit à la Conférence, les navires ne sauraient porter des pièces d'artillerie, même légère ; il peut toutefois y avoir à bord un canon pour faire les signaux.

Les autres précisions résultant de la Convention de 1907 se réfèrent aux signes distinctifs exigés des vaisseaux hospitaliers.

Le texte nouveau, confirmant l'Accord de 1899, de même que pour la guerre sur terre la Convention de 1906 a reproduit celle de 1864, n'admet comme emblème du service hospitalier que le pavillon à croix rouge sur fond blanc. Néanmoins, tout en refusant de discuter une proposition de la Turquie tendant à insérer dans la Convention la reconnaissance du croissant rouge comme signe distinctif des bâtiments sanitaires ottomans, on a déclaré à la Conférence que, du moment où la Turquie consentait à respecter l'inviolabilité de la Croix-Rouge, on était disposé à respecter par réciprocité celle du Croissant-Rouge. Et des déclarations identiques ont été faites également pour l'emploi par la Perse du Lion et du Soleil-Rouge.

Le port du drapeau de Genève et la peinture spéciale de leur coque étant des conditions de l'affectation hospitalière, il est naturel que ces signes soient réservés aux seuls bâtiments sanitaires. Si le public les voyait em-

ployés pour d'autres intérêts que ceux sauvegardés par
la Convention, il ne se rendrait pas compte de leur
caractère officiel et du respect qui doit s'attacher à leur
usage. L'Accord de 1907, comblant une lacune de celui
de 1899 et s'inspirant de l'article 23 de la Convention
de 1906, a dès lors stipulé, dans son article 6, que « les
signes distinctifs prévus à l'article 5 ne pourront être employés, soit en temps de paix, soit en temps de guerre,
que pour protéger ou désigner les bâtiments qui y sont
mentionnés ». Il prévoit d'ailleurs, comme le texte de 1906
(v. ci-dessus, p. 73), la sanction d'une pareille interdiction.
Son article 21 dispose en effet : « Les puissances signataires s'engagent à prendre ou à proposer à leurs
législatures, en cas d'insuffisance de leurs lois pénales, les
mesures nécessaires pour punir, comme usurpation d'insignes militaires, l'usage abusif des signes distinctifs
disignés à l'article 5 par des bâtiments non protégés par la
présente Convention. Elles se communiqueront, par l'intermédiaire du gouvernement des Pays-Bas, les dispositions
relatives à cette répression, au plus tard dans les cinq ans
de la ratification de la présente Convention. »

La Convention de 1899 n'envisageait aucun signe distinctif de nuit pour les vaisseaux hospitaliers. Mais, n'en inter-
disant pas l'usage, on pouvait leur reconnaître le droit de
hisser à leur mât une lanterne blanche à croix rouge
(p. 87). L'article 5, alinéa 6, du nouvel Accord, se prononçant expressément à cet égard, décide que les bâtiments
hospitaliers, de toute nature, « qui veulent s'assurer la
nuit le respect auquel ils ont droit, ont, avec l'assentiment
du belligérant qu'ils accompagnent, à prendre les mesures
nécessaires pour que la peinture qui les caractérise soit
suffisamment apparente. » Ce texte appelle une triple
remarque : 1° L'emploi d'un signe distinctif de nuit n'est
pas une obligation, mais une simple faculté pour les navires :
on ne peut en effet exiger qu'un navire hospitalier qui
accompagne une escadre signale sa présence à l'ennemi ;

il doit être libre de se manifester ou non, sauf à être
exposé à une attaque si son caractère n'apparait point.
2° Il est subordonné à l'avis des autorités militaires dont
ils dépendent : celles-ci sont seules juges du point de savoir
s'il y a un inconvénient à indiquer à l'ennemi la position
et la route de leur flotte. 3° Ce n'est pas d'un signal
spécial que les bâtiments auront à faire usage pendant la
nuit, ils sont autorisés seulement à rendre visible l'un des
signes qui, le jour, sert à les faire reconnaître. Ils ne sauraient donc, on l'a dit à la Conférence, allumer des feux
d'une couleur ou d'une disposition particulière : ceux-ci
pourraient donner lieu à des abus, en permettant à un
navire qui n'y a point droit de s'en servir pour échapper à
une attaque.

C. — *Immunités et obligations des bâtiments hospitaliers.*

1. *Immunités.* — Les immunités dont jouissent les
navires sanitaires d'après la Convention de 1907 sont les
mêmes que d'après celle de 1899. Qu'ils soient d'État ou
privés, belligérants ou neutres, ces bâtiments doivent
être « respectés » et « exempts de capture » pendant la
durée des hostilités (art. 1er, al. 1er, art. 2 et 3) (p. 89 et
suiv.), et, s'ils sont dans l'obligation de relâcher dans un
port neutre, ils peuvent tous y demeurer, s'y ravitailler, en
sortir à leur volonté : les bâtiments-hopitaux militaires,
dit la Convention (art. 1er, al. 2), ne sont pas assimilés
aux navires de guerre au point de vue de leur séjour dans
un port neutre ; ils sont donc dans ce port, mais uniquement à ce point de vue, considérés comme des navires
privés (p. 90 et suiv.). Agissant pendant et après le combat « à leurs risques et périls » (art. 4, al. 4), ils ne sont
toutefois protégés que contre les attaques et les bombardements *volontaires.*

L'exemption des droits et taxes que la Convention de
la Haye du 21 décembre 1904 accorde aux bâtiments sanitaires dans les ports des parties contractantes (v. ci-dessus,
p. 92) leur demeure applicable sous la Convention de 1907.

Les navires hospitaliers visés par cet Accord sont en effet
ceux dont s'occupent les articles 1er, 2 et 3 de l'Acte de
1899 ; or ceux-ci ne sont autres que les bâtiments dont
parlent les mêmes dispositions du nouveau texte.

La Convention de 1907 contient cependant une innovation importante. Jusqu'ici les bâtiments d'assistance
seuls pouvaient profiter des immunités ; les vaisseaux
de guerre, même dans leur partie sanitaire, n'en béné-
ficiaient point. Il n'en ira plus de la sorte désormais.
« Dans le cas d'un combat à bord d'un vaisseau de
guerre, déclare l'article 7, alinéa 1er, les infirmeries seront
respectées et ménagées autant que faire se pourra ; » et
il en sera ainsi, puisque le texte est général, alors même
qu'elles n'auraient pas actuellement de malades ou de
blessés. Toutefois il faut bien comprendre cette disposition qui a son origine dans les articles 6 et 15 de la
Convention de 1906. Elle ne se rapporte pas au cas où il
s'agit d'un combat à distance, de navire contre navire :
l'infirmerie étant une partie du navire ne peut être ni
respectée particulièrement ni protégée contre le risque
que court le navire même ; elle prévoit seulement l'hypothèse où un navire tombe dans les mains de l'ennemi par
surprise ou par une lutte d'abordage : circonstances assez
rares dans la guerre maritime d'aujourd'hui. Quel sera
exactement le sort des infirmeries et de leur matériel
quand le navire aura été pris ? Constituant un des éléments du navire, ils deviennent comme lui butin de guerre :
ils sont « soumis aux lois de la guerre », dit la Convention. Le capteur les fera donc siens ; seulement, leur caractère charitable subsistant, il ne pourra les détourner de
leur emploi tant qu'ils seront nécessaires aux blessés et
malades, et, si des exigences militaires impérieuses rendent
l'utilisation des locaux indispensable, il n'aura la faculté
d'en disposer qu'après avoir assuré au préalable le sort
des blessés et malades qui s'y trouvent. C'est ce que
décide l'article 7, alinéas 2 et 3. On applique ainsi à la

guerre maritime la règle de la guerre terrestre (Conv. 1906, art. 15, v. ci-dessus, p. 65-66).

2. *Obligations.* — Les bâtiments qui se livrent au service d'assistance ne doivent pas devenir une occasion de préjudice pour les belligérants. D'où une série de conséquences, qui sont les mêmes sous la Convention de 1907 que sous celle de 1899. L'article 4, qui les détermine, est rédigé dans les deux Accords en termes identiques. Ils ne doivent être utilisés par les gouvernements pour aucun but militaire (al. 2). Ils ne doivent gêner en aucune manière les mouvements des combattants (al. 3). Ils seront assujettis au droit de contrôle et de visite des belligérants ; ceux-ci pourront refuser leur concours, leur enjoindre de s'éloigner, leur imposer une direction déterminée et mettre à bord un commissaire, même les détenir, si la gravité des circonstances l'exigeait (al. 4) (v. ci-dessus, p. 92 et suiv.). C'est ainsi, par exemple, que si le commandant d'une flotte craint les inconvénients d'une installation radio-télégraphique placée à bord d'un bâtiment hospitalier, il pourra prendre les mesures nécessaires pour éviter les abus : un commissaire surveillera l'usage de la radio-télégraphie ; les appareils de transmission seront au besoin enlevés momentanément.

Mais, par analogie avec l'article 21, alinéa 2, de la Convention de Genève (v. ci-dessus, p. 71), l'Accord de 1907, ajoutant à celui de 1899, déclare, dans son article 5, alinéa 5, qu'en cas de détention de navires hospitaliers par l'ennemi dans les termes de l'article 4, ces navires « auront à rentrer le pavillon national du belligérant dont ils relèvent ». Cette règle a une portée très large et comprend tous les cas : s'il s'agit du bâtiment hospitalier d'un belligérant retenu par l'adversaire, il rentre son pavillon national et ne conserve que le drapeau de la Croix-Rouge ; s'il s'agit d'un bâtiment hospitalier neutre, il rentre le pavillon du belligérant sous la direction duquel il s'est placé, tout en conservant son pavillon national. Ni l'un ni

l'autre ne doivent en tout cas porter le drapeau du belligérant qui les détient.

Telles étaient les obligations que la Convention de
1899, suivie d'ailleurs par celle de 1907, imposait à *tous*
les navires sanitaires, d'État ou privés, belligérants ou
neutres. Et, à cet égard, ces navires devaient obéir indifféremment à l'un ou à l'autre des belligérants.

Aucune autre obligation ne pouvait en 1899 être exigée
des bâtiments neutres par chacune des flottes ennemies ;
car ces bâtiments, conservant l'autonomie du pavillon,
demeuraient, en dehors des restrictions de l'article 4, sous
la dépendance de leur propre pays. Les navires belligérants,
au contraire, pouvaient encore, dans des cas non prévus
par l'article 4, avoir à suivre les ordres des puissances en
guerre : seulement, ici, ce n'était plus sans distinction à
l'une ou à l'autre qu'ils étaient soumis, c'était uniquement
à celle au service de qui ils se trouvaient qu'ils devaient
obéir (v. ci-dessus, p. 92 et suiv.). Toute différente est la
situation d'après la Convention de 1907. Si les navires
hospitaliers belligérants restent toujours « au service » de
leur gouvernement, les bâtiments neutres ont perdu leur
indépendance, ils sont maintenant sous la « direction » de
l'un des belligérants (art. 3). Les neutres devront donc
désormais, aussi bien que les belligérants, se soumettre à
certaines exigences de la flotte *dont ils dépendent*, et que
n'a point énumérées l'article 4. Ces exigences seront toutefois moins étroites vis-à-vis des premiers que vis-à-vis des
seconds, car les bâtiments du belligérant sont *à son service*
et les bâtiments neutres seulement *sous sa direction*.
Quelles différences existeront ainsi entre eux dans la pratique ? Les deux situations étant assez voisines, la chose
est difficile à préciser. On aperçoit au contraire fort bien le
changement que la Convention de 1907 a apporté à la condition des bâtiments neutres. Ces bâtiments n'étant plus
simplement assujettis en vertu de l'article 4 au droit de
contrôle d'un belligérant, étant encore d'après l'article 3

soumis à son droit de direction, il en résultera notamment
que le belligérant pourra leur imposer non seulement une
direction déterminée, c'est-à-dire leur enjoindre de s'en aller
de tel ou tel côté, mais leur imposer une *destination déterminée*, c'est-à-dire préciser le port vers lequel ils devront
se diriger et où ils débarqueront leurs blessés. La direction
qu'il exerce sur eux ne saurait toutefois empêcher leur
gouvernement national de les rappeler si les intérêts du
pays l'exigent : ces navires, malgré tout, ne cessent pas
d'être des neutres, on l'a déclaré formellement à la Conférence (comp. ci-dessus, p. 123).

La Convention de 1899 ne disait rien du cas où les navires hospitaliers ne remplissent pas leurs obligations. L'application du droit commun indiquait alors la sanction
(p. 94). Le nouveau texte s'est prononcé à ce sujet. Son
article 8, emprunté à l'article 7 de la Convention de Genève,
pose en principe que « la protection due aux bâtiments
hospitaliers et aux infirmeries des vaisseaux cesse si l'on
en use pour commettre des actes nuisibles à l'ennemi ».
Est-ce la résistance à tous les ordres du belligérant, quels
qu'ils soient, qui sera sanctionnée de la sorte ? L'article 8
parle des « actes nuisibles à l'ennemi ». Cela ne doit s'entendre que d'une désobéissance aux différentes prescriptions de l'article 4 basées sur l'intérêt militaire. On ne
peut y comprendre la résistance aux ordres basés sur le
lien de dépendance, service ou direction, qui rattache le
belligérant, qui les donne, au navire hospitalier, national
ou neutre, qui les reçoit ; en ce cas, ce sont les pénalités
prévues par les lois nationales qu'il convient d'appliquer.
Comme on l'a vu, le personnel des bâtiments hospitaliers et des infirmeries des vaisseaux de guerre a le
droit d'être armé pour le maintien de l'ordre et pour la
défense des blessés ou malades, et les navires sanitaires
peuvent avoir à bord une installation radio-télégraphique
pour remplir leur mission charitable : c'est l'emploi
illicite, dans un but autre que celui indiqué, des armes et

des appareils de télégraphie, qui amènera le retrait de
la protection ; ainsi le décide l'article 8, alinéa 2, inspiré
par l'article 8 de la Convention de 1906 (p. 63).

§ 2. — *Le service hospitalier auxiliaire.*

Une seule disposition, dans la Convention de 1907 comme
dans celle de 1899, est consacrée au service d'assistance
auxiliaire. L'article 9 nouveau, dont quelques passages
reproduisent l'article 5 de la Convention de 1906, diffère,
sur certains points, de l'ancien article 6.

a) Il est en un sens plus précis. Si, comme lui, il
n'admet à ce service que les navires particuliers neutres,
et s'il les admet tous : « bâtiments de commerce, yachts
ou embarcations », sans distinguer leur nature ou leur état,
sans exiger qu'ils portent un signe distinctif, il indique en
termes plus nets dans quelles conditions ils participent à
l'œuvre sanitaire : ils peuvent intervenir « spontanément »
ou « sur l'appel des belligérants ». Ceci n'était pas inutile
à dire, quoique, sous l'ancienne Convention, la même
solution pût s'inférer de la généralité du texte. Mais, en se
prononçant à ce sujet, l'Accord de 1907 a fait disparaître
un doute qui était permis en 1899. On pouvait alors discuter si les belligérants avaient le droit non seulement de
solliciter, mais encore de requérir l'action secourable des
neutres ; aujourd'hui la question ne saurait plus se poser :
en disant que « les belligérants pourront *faire appel* au
zèle charitable des commandants » et en s'occupant de
régler la situation de ceux qui auront *répondu* à l'appel,
l'article 9 spécifie bien qu'il ne s'agit que d'un concours
bénévole des bâtiments neutres et que ceux-ci ne sont
point tenus d'obtempérer à la demande qui leur est faite.
Il se peut en effet que, pour des raisons tenant à l'état de
la mer, aux exigences de leur voyage ou à leur condition
imparfaite, les navires ne soient pas à même de rendre un

service charitable. Mais, bien entendu, si l'action sanitaire
est, de parti pris, refusée à un belligérant plutôt qu'à l'autre,
la victime du refus sera en droit de se plaindre. Les termes
de l'article 9 étant généraux, c'est à tout moment, après le
combat ou pendant l'action, que peut se produire la coo-
pération, spontanée ou sollicitée, des neutres.

b) Le nouveau texte, en tant qu'il détermine le rôle des
navires auxiliaires, ne se sert pas des mêmes expressions
que l'ancien. D'après celui-ci, ces navires avaient à « porter »
ou à « recueillir » les « blessés, malades ou naufragés » ;
ils doivent, d'après la Convention de 1907, s'ils agissent
sur l'appel des belligérants, « prendre à bord et soigner
les blessés ou malades » (art. 9, al. 1er) et, si leur action
est spontanée, « recueillir des blessés, des malades ou des
naufragés » (art. 9, al. 2). On pourrait être tenté d'en
conclure que les belligérants ne peuvent « solliciter » le
concours des neutres pour recueillir des « naufragés » ;
mais la conclusion serait évidemment forcée.

c) Comme contre-partie du service rendu, les bâtiments
neutres jouissent, sans distinction, de certains droits. La
Convention de 1907 est, sur ce point, plus large que celle
de 1899.

Elle leur reconnaît d'abord, à l'égal de celle-ci, le droit
à l'inviolabilité : Les bâtiments qui auront répondu à
l'appel des belligérants pour prendre à bord et soigner des
blessés ou des malades ainsi que ceux qui spontanément
auront recueilli des blessés, des malades ou des naufragés,
dit l'article 9, ne pourront, en aucun cas, « être capturés
pour un tel transport ». Et, quoique cette disposition soit,
comme l'article 6 du précédent Accord, d'une rédaction
défectueuse, il faut dire que les faits de recueillir et de
soigner dispensent de la saisie aussi bien que le fait de
transporter (v. ci-dessus, p. 98-99).

Mais la Convention fait davantage. Les navires neutres
offrant spontanément ou sur appel leurs secours aux blessés,
malades et naufragés, « jouiront d'une protection spéciale

et de certaines immunités. » Cette formule, empruntée à
l'article 5 de la Convention de 1906, est un peu vague ; et
il est évident que sur mer les avantages de la protection et
des immunités se comprennent moins bien qu'à terre, où
les habitants auxquels on fait appel sont exposés à une
série de mesures rigoureuses de la part de l'envahisseur
ou de l'occupant. Qu'a donc voulu dire l'article 9 ? Il suppose qu'un belligérant qui a un besoin urgent du concours
sanitaire d'embarcations neutres promet de fermer les yeux
sur les infractions qu'elles pourraient avoir commises
antérieurement, par exemple de ne pas exercer à leur égard
le droit de visite. Il y a ici avant tout une question de
bonne foi. Le belligérant doit tenir la promesse qu'il a pu
faire pour obtenir un service, et le neutre ne doit pas,
par une apparence de zèle, pouvoir se soustraire aux
risques que sa conduite a pu lui faire courir. La protection spéciale et les immunités devant appartenir, d'après
la Convention, aux neutres qui offrent spontanément leur
concours aussi bien qu'à ceux qui le donnent sur un appel
des flottes en guerre, il en résulte que les belligérants
peuvent exprimer leur promesse d'une façon générale,
avant le combat et même par une déclaration au début des
hostilités, ou la formuler en l'appliquant spécialement au
bâtiment qu'ils sollicitent et au moment où ils le sollicitent.

Les promesses de protection et d'immunités sont purement facultatives de la part des belligérants : ils ont le
droit de n'en point faire ou de les limiter à certains cas.
Les bâtiments neutres, à défaut d'une promesse ou dans
les limites où elle n'a pas eu lieu, restent donc « exposés
à la capture pour les violations de neutralité qu'ils pourraient avoir commises » ; ils sont ainsi, en vertu du droit
commun, soumis au droit de visite. C'est ce que déclare
l'article 9, *in fine*, dans les mêmes termes que l'ancien
article 6 (v. ci-dessus, p. 100).

Les navires neutres qui occasionnellement ont pris à

leur bord des blessés, malades et naufragés, sont libres de
suivre la direction qui leur convient. Les croiseurs belligérants ne peuvent les détourner de leur route et leur
imposer un certain itinéraire. Ce droit n'est accordé par
l'article 4 de la Convention que vis-à-vis des bâtiments
affectés spécialement au service hospitalier, qui doivent
subir les conséquences du rôle particulier qui leur est
assigné. L'article 12 indique d'une manière limitative ce
qu'un belligérant peut faire à l'égard des navires auxiliaires : il a le droit de se faire remettre les blessés, malades ou naufragés qu'ils portent, et c'est eux seulement
que l'article 14 lui permet de diriger vers un endroit déterminé.

Il convient de remarquer qu'en dehors du service auxiliaire ainsi organisé, la Convention de 1907, à l'opposé de
celle de 1899 (p. 96 et suiv.), prévoit formellement que des
blessés, malades ou naufragés, sont en fait recueillis et
transportés par des navires de commerce, yachts et embarcations même ennemis ou par des vaisseaux de guerre
neutres. En effet, l'article 12 oblige les premiers à livrer les
personnes recueillies au belligérant qui les rencontre ; et
l'article 13 impose aux seconds de faire en sorte que les
marins et militaires reçus à bord ne prennent plus part
aux opérations de la guerre. La Convention reconnaît
ainsi implicitement, par dérogation au droit commun, que
les navires dont il s'agit ne sauraient, pour le fait seul
de leur action charitable, être saisis et confisqués.

Section II. — Du personnel sanitaire.

Si des changements importants ont été apportés par la
Convention de 1907 à celle de 1899 en ce qui concerne le
matériel hospitalier, aucune modification grave n'a été
introduite relativement au personnel sanitaire : les expressions dont s'est servi l'article 10 nouveau sont, à peu

4***

de choses près, identiques à celles de l'article 7 ancien.

Il y a d'abord identité au point de vue de la composition du personnel. Celui-ci comprend, aujourd'hui comme avant, « le personnel religieux, médical et hospitalier de tout bâtiment, » et il faut entendre ces termes comme on l'a fait en 1899 (p. 100 et suiv) Donc, pas de distinction à faire selon qu'il se trouve à bord d'un bâtiment d'assistance, belligérant ou neutre, ou sur un vaisseau de guerre de l'ennemi.

Le personnel jouit également, dans tous les cas et sous les mêmes conditions (p. 102 et suiv.), d'immunités semblables. L'article 10, pareil encore à l'article 7, décide qu' « il est inviolable et ne peut être fait prisonnier de guerre » et qu' « il emporte, en quittant le navire — si celui-ci est capturé — les objets et instruments de chirurgie qui sont sa propriété particulière », ce qui lui permet de conserver ses armes puisque, cette fois la Convention le dit expressément (art. 8, al. 2), le personnel sanitaire peut être armé pour le maintien de l'ordre et pour la défense des blessés ou malades. Mais il doit, après que le navire a été pris, et sous la direction du capteur, « continuer à remplir ses fonctions tant que cela sera nécessaire, » il « ne pourra se retirer que lorsque le commandant en chef le jugera possible ».

Une seule différence existe entre les deux Conventions. Elle a trait au traitement que doit toucher le personnel hospitalier momentanément retenu par l'adversaire. D'après l'article 10, alinéa 3, ce traitement n'est plus, comme en 1899, celui qu'il recevait dans son pays (p. 104), mais celui accordé au personnel du même grade dans la marine ennemie. On applique ici la règle de l'article 13 de la Convention de 1906 (p. 59), afin de mettre en harmonie les dispositions relatives à la guerre continentale et à la guerre maritime. Il n'est pas besoin d'ajouter qu'à ce point de vue il ne peut s'agir que du personnel officiel, le personnel d'une Société de secours n'ayant pas droit à une solde.

L'esprit de la Convention nouvelle, conforme à celui de l'ancienne, subordonne le respect du personnel à la condition qu'il ne commette aucun acte d'hostilité. La Convention dispose nettement (art. 8, al. 1er) que « la protection due aux bâtiments hospitaliers et aux infirmeries des vaisseaux cesse si l'on en use pour commettre des actes nuisibles à l'ennemi ». Des motifs semblables doivent faire admettre la même restriction en ce qui concerne l'immunité du personnel : c'est sa fonction charitable qui seule explique ses immunités (p. 105).

La protection dont bénéficie le personnel sanitaire peut, dans un cas, se communiquer à un sujet ennemi qui ne fait point réellement partie de ce personnel. Le cas est celui où, conformément à l'article 4, alinéa 5, un des belligérants a mis un commissaire à bord du bâtiment hospitalier d'un neutre ou de son adversaire. Ce commissaire ne doit pas être fait prisonnier de guerre, si le navire hospitalier est rencontré par un vaisseau de guerre de l'autre belligérant, car sa présence à bord s'explique par la nécessité de permettre au navire de remplir sa mission charitable. Cette solution, sans doute, n'est pas donnée expressément par la Convention de 1907, pas plus qu'elle n'avait été prévue dans celle de 1899 ; mais elle est mentionnée en termes formels dans le rapport général.

Section III. — Des blessés, malades et naufragés.

§ 1er. — *Obligations envers les blessés, malades et naufragés.*

Qu'il s'agisse de bâtiments hospitaliers, d'État ou privés, belligérants ou neutres, les uns et les autres sont tenus de porter secours et assistance aux blessés, malades ou naufragés sans distinction de nationalité : ils doivent les recueillir et leur donner des soins. C'est ce que disait l'article 4, alinéa 1er, de la Convention de 1899, et la même obligation est reproduite, en termes identiques, par l'article 4, alinéa 1er, de celle de 1907. Le fait qu'aujourd'hui les bâtiments hospitaliers neutres sont « mis sous la direction d'un des belligérants » (art. 3) demeure ici sans influence.

L'article 11, qui correspond à l'ancien article 8, prévoit le cas où un navire est capturé par un vaisseau de guerre. Si celui-ci y trouve des blessés et des malades, qui peuvent être de sa propre nation ou de celle de l'adversaire, il doit les « respecter », c'est-à-dire ne les point maltraiter et dépouiller, et les « soigner » tous sans distinction de nationalité. Quoique le texte ne le dise pas expressément, il faut en décider de même pour les « naufragés », par application des principes d'humanité et par interprétation de l'article 14, semblable à l'ancien article 9 (v. p. 107).

La situation des navires du service auxiliaire est un peu différente. C'est de leur plein gré, spontanément ou sur l'appel des belligérants, qu'ils concourent à une action charitable ; il n'y a à leur charge aucune obligation. Mais quand ils recueillent ou portent des blessés, malades et naufragés, ils doivent, de quelque nation qu'ils dépendent, leur assurer les soins nécessaires à leur état. C'est ce qui résulte de l'article 9, et la solution, imposée par les principes, était la même sous l'article 6 de la Convention de 1899 (p. 107).

Ce ne sont pas seulement les combattants, blessés, malades ou naufragés, qui ont droit ainsi à l'assistance ; ce sont toutes les « personnes officiellement attachées aux marines ou aux armées ». L'Accord de 1907 le déclare formellement pour le cas de l'article 11, et il n'y a pas de motif pour ne point l'admettre dans les autres hypothèses : les termes « marins et militaires » étaient déjà compris en ce sens dans la Convention de 1899 (p. 109). D'après l'article 22, il n'y a pas à distinguer entre les troupes de l'armée de terre

et celles de l'armée de mer, si les premières sont, comme
les secondes, à bord d'un navire : ce sont toutes les forces
« embarquées », mais seulement celles-là, que protège la
Convention. Le nouvel article 11 étant d'une façon générale
semblable à l'ancien article 8 en ce qui concerne les obligations vis-à-vis des blessés, malades et naufragés, il
convient de lui donner sur tous les points une interprétation identique (p. 106 et suiv.).

Ce n'est pas à dire toutefois qu'ici la Convention de 1907
n'ait en aucune manière innové. Elle a, à deux points de
vue fort importants, et en s'inspirant des articles 3 et 4
de la Convention de 1906 (p. 50-52), ajouté au devoir de
protection qui s'impose aux belligérants.

1° « Après chaque combat, dit l'article 16, les deux
parties belligérantes, en tant que les intérêts militaires le
comportent, prendront des mesures pour rechercher les
naufragés, les blessés et les malades et pour les faire protéger contre le pillage et les mauvais traitements ». On a
voulu éviter dans la mesure du possible aux victimes de
la lutte la mort atroce qui souvent les attend, et empêcher
les tentatives criminelles des maraudeurs et des pillards,
dont la présence, quoique plus rare que sur terre, n'est
cependant pas invraisemblable sur mer. Il y a là, à la charge
des belligérants, une véritable obligation. Cependant, afin
de ne pas rendre leur responsabilité excessive, le texte ne
les oblige pas à *faire rechercher et protéger* les blessés,
malades et naufragés, mais seulement à *prendre des
mesures pour les faire rechercher et protéger*. Ici, à la différence de ce qui a lieu dans la guerre continentale (Conv.
1906, art. 3), leur obligation reçoit un autre tempérament :
elle n'existe qu' « en tant que les intérêts militaires le
comportent ». C'est qu'en effet la police du champ de
bataille est plus délicate sur mer que sur terre : souvent
les moyens qu'elle réclame peuvent gêner ou faire connaître
les mouvements des flottes.

Le devoir de protection que l'article 16 impose ainsi aux

belligérants est complété par l'article 21. Cette disposition nouvelle, inspirée de l'article 28 de la Convention de 1906 (p. 49), oblige « les puissances signataires à prendre ou à proposer à leurs législatures, en cas d'insuffisance de leurs lois pénales, les mesures nécessaires pour réprimer en temps de guerre les actes individuels de pillage et de mauvais traitements envers des blessés et malades des marines ; elles se communiqueront, par l'intermédiaire du gouvernement des Pays-Bas, les dispositions relatives à cette répression, au plus tard dans les cinq ans de la ratification de la présente Convention ».

2º « Chaque belligérant, dispose l'article 17, alinéas 1er et 2, enverra, dès qu'il sera possible, aux autorités de leur pays, de leur marine ou de leur armée, l'état nominatif des blessés ou malades recueillis par lui. Les belligérants se tiendront réciproquement au courant des internements et des mutations, ainsi que des entrées dans les hôpitaux et des décès survenus parmi les blessés et malades en leur pouvoir. Ils recueilleront tous les objets d'un usage personnel, valeurs, lettres, etc., qui seront trouvés dans les vaisseaux capturés, ou délaissés par les blessés ou malades décédés dans les hôpitaux, pour les faire transmettre aux intéressés par les autorités de leur pays. » Cette décision est une application à la guerre maritime de l'article 14 des Règlements de la Haye de 1899 et 1907 sur les lois et coutumes de la guerre sur terre.

Ces deux nouvelles obligations, comme le texte l'indique, ne sont vraiment imposées qu'aux autorités des belligérants. Les bâtiments hospitaliers n'y doivent participer que d'une manière indirecte, en servant de moyens pour les réaliser : ce sont eux qui, le plus souvent, en fait, rechercheront et protégeront les victimes de la lutte et adresseront aux représentants du pays dont ils relèvent les indications et les objets utiles à ces victimes, mais ce n'est pas d'eux qu'émaneront les ordres et la correspondance avec l'ennemi. Et, à cet égard, il n'y a évidemment pas à distinguer entre les bâtiments hospitaliers ennemis et les bâtiments hospitaliers neutres.

La Convention de 1899 ne parlait pas des marins et militaires morts à la suite d'une blessure, d'une maladie ou d'un naufrage. Cette lacune a été comblée par les nouveaux articles 16 et 17, comme l'avait fait la Convention de 1906 (art. 3 et 4) pour celle de 1864 (p. 50-52).

D'après le premier de ces articles, les belligérants doivent, après chaque combat, en tant que les intérêts militaires le comportent, prendre des mesures pour faire protéger les morts contre le pillage et les mauvais traitements ; ils veilleront à ce que l'inhumation, l'immersion ou l'incinération des morts soit précédée d'un examen attentif de leurs cadavres. Il convenait en effet d'enlever aux blessés et aux malades la crainte horrible et si répandue d'être enterrés vivants. L'examen préalable ne doit pas toutefois être fait nécessairement par des médecins ; on exige seulement qu'il soit attentif. Si le texte parle d' « inhumation » et d' « d'incinération », expressions qui semblent singulières à propos d'opérations maritimes, c'est qu'il prévoit le cas où, un combat s'étant passé près de la côte, des cadavres ont été portés à terre.

Quant à l'article 17, il dispose que les belligérants devront chacun faire le possible pour constater l'identité des morts. A cette fin, ils enverront aux autorités de leur pays, de leur marine ou de leur armée, les marques ou pièces militaires d'identité trouvées sur les morts ; ils se tiendront réciproquement au courant des décès survenus parmi les blessés et malades en leur pouvoir ; ils recueilleront tous les objets d'un usage personnel, valeurs, lettres, etc., qui seront trouvés dans les vaisseaux capturés ou délaissés par les blessés ou malades décédés dans les hôpitaux, pour les faire transmettre aux intéressés par les autorités de leur pays.

§ 2. — *Situation légale des personnes recueillies.*

1. *Principes.* — Les marins et les militaires, quoique blessés, malades ou naufragés, n'en restent pas moins des belligérants ayant conservé leur nationalité, toujours soumis aux lois de la guerre. Telle est la règle qui, conforme aux principes généraux du droit, est à la base de la Convention de 1907 comme de celle de 1899 : elle résulte des articles 12, 13 et 14. Si on l'applique aux différents cas qui peuvent se produire, on est dès lors conduit à ces deux conclusions : 1° Recueillis par un vaisseau de guerre de l'ennemi ou par un de ses bâtiments hospitaliers, d'État ou privés, les blessés, malades et naufragés sont des prisonniers de guerre, car alors ils tombent vraiment au pouvoir de l'adversaire. 2° Ils échappent au contraire à la captivité et demeurent libres, s'ils sont secourus par un navire de guerre ou un bâtiment sanitaire, d'État ou privé, de leur nationalité, ou par un vaisseau de guerre ou des bâtiments de commerce, yachts et embarcations neutres : on ne peut pas dire en effet que, dans ces hypothèses, ils tombent au pouvoir de l'ennemi. Leur situation juridique sera ainsi, selon les événements, fort différente.

Aux mains de l'ennemi, ils seront traités comme tous autres prisonniers de guerre, d'après les règles du droit des gens ; leur état leur donne droit seulement aux soins qu'il réclame : le belligérant jugera s'il doit les conserver à bord ou les déposer dans un port de sa nation. C'est ce que décide formellement l'article 14, semblable à l'ancien article 9 : « Sont prisonniers de guerre les naufragés, blessés ou malades d'un belligérant qui tombent au pouvoir de l'autre. Il appartient à celui-ci de décider, suivant les circonstances, s'il convient de les garder, de les diriger sur un port de sa nation... »

Les blessés, malades et naufragés conservent au con-

traire toute leur liberté s'ils sont à bord d'un navire de
guerre ou hospitalier de leur pays ou sur un bâtiment sanitaire, spécial ou auxiliaire, de nationalité neutre ; il en va
de même si, par humanité, un navire national sans caractère
hospitalier les a recueillis. Une fois rétablis, ils doivent donc
dans un cas et peuvent dans l'autre reprendre rang dans
leur armée ; ils ne sont pas soumis à la condition de ne plus
servir pendant la durée de la guerre. La Convention de
1907 n'a sur ce point, par aucune disposition expresse,
dérogé au droit commun ; bien mieux, à la différence
de celle de 1899, elle a clairement sous-entendu cette
solution, puisque son article 12, qui n'avait point de
précédent, ne reconnaît à l'ennemi un droit sur les victimes à bord d'un navire hospitalier étranger que s'il en
« réclame la remise », et que son article 13, également
nouveau, n'oblige les blessés, malades ou naufragés à ne
plus prendre part aux opérations de la guerre que
s'ils se trouvent sur un « vaisseau de guerre neutre ».

Une condition intermédiaire est faite effectivement à ces
derniers par la Convention de 1907 : ils ne perdent pas
la liberté en ce sens qu'ils ne doivent pas être remis à
l'ennemi, mais ils ne la conservent pas entière, car ils
doivent être empêchés, dans la mesure du possible, de
reprendre du service dans leur armée. Ils se trouvent dans
une situation analogue à celle de combattants qui se réfugient en territoire neutre : les belligérants ne peuvent pas
plus exercer leur contrôle sur un vaisseau de guerre neutre
que sur le territoire étranger. C'est ce que déclare l'article
13, comblant ainsi une lacune de la Convention de 1899 :
« Si des blessés, malades ou naufragés sont recueillis à bord
d'un vaisseau de guerre neutre, il devra être pourvu, dans
la mesure du possible, à ce qu'ils ne puissent pas de nouveau prendre part aux opérations de la guerre ». Cette disposition, qui prévoit le cas qui s'était présenté à Tchemulpo,
pendant la guerre russo-japonaise, écarte la solution préco-
nisée par les Japonais qui voulaient se faire livrer les marins

5

russes recueillis par les navires de guerre anglais, français
et italien, pour consacrer celle adoptée par les commandants de ces navires (p. 97 et 112). Il faut toutefois la
bien comprendre. Si le vaisseau de guerre neutre ne
doit pas livrer à l'adversaire les marins et les militaires
qu'il a recueillis, il n'est pas nécessairement obligé de les
« garder » à son bord ; il est seulement tenu de faire le
possible pour qu'ils ne prennent pas part de nouveau aux
opérations de la guerre : il pourra donc, s'il le croit préfé-
rable ou plus facile, les débarquer dans un port de sa
nationalité où on les gardera, ou même les remettre à leur
propre pays sous la promesse du gouvernement de ne plus
les employer aux hostilités.

2. *Dérogations aux principes.* — Les principes sont
ainsi, quoique plus longuement et plus clairement
exprimés, les mêmes dans la Convention de 1907 que dans
celle de 1899. Les dérogations qu'il convient d'y apporter
sont également identiques, sauf en un point important.

a) Première série de dérogations. — Des blessés, malades
et naufragés prisonniers de guerre peuvent d'abord recouvrer leur liberté. C'est ce qui aura lieu :

1º En cas d'*échange*, d'après les règles du droit commun (v. p. 113).

2º En cas de *renvoi*, par application de l'article 14.
Suivant ce texte, en effet, il appartient au belligérant « de
décider s'il lui convient de diriger sur un port de l'adversaire » les naufragés, blessés ou malades de celui-ci qui
sont tombés en son pouvoir. Ceux-ci, toutefois, n'auront
alors qu'une liberté atténuée : « Les prisonniers ainsi rendus à leur pays, déclare l'article 14, *in fine*, ne pourront
servir pendant la durée de la guerre. » C'était déjà ce que
disait dans les mêmes termes l'ancien article 9, et il faut
entendre d'une égale façon ces expressions identiques
(p. 114).

3º En cas de *reprise* ou de *visite*, en vertu des règles
du droit des gens et des articles 4, alinéa 5, et 12, de la

Convention. C'est, en effet, un principe certain du droit international que la capture qu'un croiseur belligérant fait d'un navire de guerre de l'ennemi restitue à leur pays les blessés, malades et naufragés de sa nationalité que ce navire avait pris et qu'il trouve à son bord. C'est la même conséquence qui résulte, d'après le droit commun, de la visite qu'un vaisseau de guerre peut pratiquer sur tous les bâtiments de l'ennemi en dehors des navires de combat, car la visite fait tomber au pouvoir de celui qui l'exerce les marins et militaires du bâtiment visité. Et l'article 4, alinéa 5, comme l'article 12, appliquent cette règle même aux bâtiments hospitaliers de l'ennemi, d'État ou privés : le premier de ces articles reconnaît aux belligérants sur ces bateaux « le droit de contrôle et de visite », et le second dont la formule ne se trouvait pas dans la Convention de 1899, mais dont la solution résultait de son esprit, dispose que « tout vaisseau de guerre d'une partie belligérante peut réclamer la remise des blessés, malades ou naufragés qui sont à bord de bâtiments-hôpitaux militaires, de bâtiments-hôpitaux de Sociétés de secours ou de particuliers, de navires de commerce, yachts ou embarcations, quelle que soit la nationalité de ces bâtiments ». Dans ce cas, le croiseur visiteur peut, à son gré, laisser les victimes de la lutte, qui ont ainsi cessé d'être des prisonniers de guerre, sur les navires qui les portaient ou les prendre à son propre bord pour les y soigner, les débarquer dans son pays ou les conduire sur des bâtiments hospitaliers de sa nationalité ; mais, s'il les y laisse, il ne saurait obliger les navires sanitaires ennemis à les déposer en un lieu déterminé.

b) Deuxième série de dérogations. — En second lieu, et à l'opposé, des victimes de la lutte demeurées libres peuvent devenir des prisonniers de guerre.

C'est ce qui se produit, par la capture ou par la visite, lorsqu'elles ont été recueillies soit par un vaisseau de guerre ou un navire ordinaire de leur nationalité, soit par

des bâtiments hospitaliers nationaux, d'État ou privés,
ou par des navires, sanitaires ou de commerce, neutres,
et que le bâtiment qui les porte est rencontré par un
croiseur ennemi. Celui-ci a le droit de capturer les premiers et de visiter les seconds. Il n'aura pas sans doute
toujours intérêt à user de son droit ; il aura parfois avantage
à laisser aller les blessés et les malades ; mais il peut être
aussi indispensable qu'il les traite en prisonniers de guerre :
cela est vrai surtout à l'égard des naufragés. Et, alors, la
visite aura un double effet au gré du belligérant : celui-ci
peut laisser à bord du bâtiment hospitalier les victimes
de la lutte, leur situation se trouvant changée par l'inscription de la visite sur les papiers de bord du navire, ou au
contraire se les faire remettre pour en faire ce que bon lui
semblera. Le droit commun aussi bien que les articles 4,
alinéa 5, et 12 imposent cette solution. Ces articles autorisent expressément le droit de visite, avec ses conséquences, vis-à-vis des navires sanitaires, même neutres.
Et on ne saurait prétendre que, dans ce dernier cas, la
décision soit inhumaine. Elle est bien plutôt au contraire
réclamée par l'humanité. Si des blessés, des malades, et
surtout des naufragés, devaient échapper définitivement à
la captivité par cela seul qu'ils ont trouvé asile sur un
bâtiment neutre, il serait à craindre en effet que les belligérants n'admissent pas aisément, sur le théâtre des
hostilités, le concours charitable des navires étrangers : la
direction que leur reconnaît sur eux l'article 3 et les pouvoirs que l'article 4, alinéa 5, leur confère leur en fourni-
raient d'ailleurs le moyen (p. 115-117). Il convient cependant
de noter que l'article 12 ne permet pas aux belligérants
de se faire livrer les marins et militaires qui sont
réfugiés sur un « vaisseau de guerre » neutre, pas plus
qu'ils n'ont le droit de capturer ce vaisseau : il échappe,
par sa qualité, au droit de prise et au droit de visite
(comp. art. 13).

Chacun des belligérants pouvant tour à tour pratiquer

la visite et la capture sur les bâtiments qu'il rencontre et qui en sont susceptibles, il s'ensuit que la situation des blessés, malades et naufragés ne sera pas définitivement fixée avant la fin de la guerre ou tant qu'ils n'auront pas été débarqués dans un port d'un des belligérants ou d'un pays neutre.

c) Troisième série de dérogations. — Une dernière circonstance amène une modification dans la condition des victimes de la guerre. C'est leur réception dans un port neutre.

Elle est prévue par l'article 15, dont les termes reproduisent exactement ceux de l'article 10 de la Convention de 1899 et qui, pour des raisons spéciales ne tenant pas au bien-fondé de l'article, n'avait pas été ratifié. Cet article 15 s'exprime en effet à ce sujet de la façon suivante : « Les naufragés, blessés ou malades, qui sont débarqués dans un port neutre, du consentement de l'autorité locale, devront, à moins d'un arrangement contraire de l'État neutre avec les États belligérants, être gardés par l'État neutre de manière qu'ils ne puissent pas de nouveau prendre part aux opérations de la guerre. Les frais d'hospitalisation et d'internement seront supportés par l'État dont relèvent les naufragés, blessés ou malades. »

On considère ainsi que, contrairement aux principes généraux du droit, l'État neutre ne méconnaît pas les devoirs de la neutralité. Mais il importe de bien entendre cette disposition. La réception en territoire neutre, dont l'article 14, identique à l'ancien article 9, proclamait déjà la légitimité, n'est d'abord qu'une faculté pour l'État de ce territoire : c'est « du consentement de l'autorité locale » qu'elle peut avoir lieu. Cette faculté est soumise en outre à une obligation précise : l'article 15 ne dit pas seulement, comme l'article 13, en ce qui concerne le commandant du vaisseau de guerre neutre qui recueille des blessés, malades ou naufragés, que l'autorité neutre doit faire son possible pour qu'ils ne puissent pas participer de nou-

veau à la guerre, il l'oblige encore à les « garder », ce qui
laisse supposer qu'elle répondra dans tous les cas des
évasions des internés. Une pareille différence s'explique,
car les deux situations ne sont pas les mêmes : l'autorité
territoriale a des facilités que n'a point le commandant
d'un navire pour *garder* les individus recueillis. On ne
doit pas néanmoins l'exagérer : la responsabilité supposant
la faute, tout ce qu'il est permis d'exiger de l'autorité du
pays neutre, c'est qu'elle ne commette pas de négligence.
Il faut enfin remarquer que, suivant l'article 15, l'internement n'est obligatoire qu'à défaut d'un arrangement
contraire ; seulement cet arrangement, intéressant l'un et
l'autre des belligérants, doit être pris par le neutre de
concert avec chacun d'eux.

L'hypothèse que l'on a eue en vue dans l'article 15 est
celle de bâtiments de guerre des belligérants venant débarquer des blessés, malades ou naufragés dans un port
neutre, dégageant de cette manière leur action. Ces marins
et militaires, qui en fait peuvent d'ailleurs appartenir aux
deux parties en guerre, verront donc leur condition s'améliorer légèrement ou s'aggraver sensiblement suivant qu'ils
sont à bord d'un vaisseau de l'ennemi ou d'un vaisseau de
leur nation : de prisonniers d'un belligérant ou de libres
qu'ils étaient, ils tombent sous la garde d'un neutre.

Est-ce la seule hypothèse que la Convention ait voulu
régler ? On ne voit pas pourquoi il faudrait en exclure le
cas d'un bâtiment hospitalier qui transporte des blessés,
malades ou naufragés de l'ennemi. L'article 14 permet de
diriger sur un port neutre tous ceux qui sont tombés au
pouvoir de l'adversaire et, en s'en débarrassant, le navire
sanitaire reprend sa liberté pour assister de nouveau les
escadres auxquelles il est attaché. Au surplus, l'article 15,
qui prévoit le débarquement et l'internement en territoire
étranger, est rédigé dans les termes les plus généraux.

A défaut d'un texte analogue à l'article 14, les idées
d'humanité qui sont à la base de la Convention et la géné-

ralité de l'article 15 doivent également faire admettre la
réception en pays neutre des navires contenant des blessés
ou malades nationaux. Et ces derniers doivent être aussi
soumis à l'internement, car dans cette hypothèse encore
l'État neutre fournit une aide au belligérant dont le bâtiment relève.

Ces raisons sont de même applicables au cas où il s'agit
d'un bâtiment hospitalier neutre, qui d'ailleurs fonctionne
aujourd'hui sous la direction d'un des belligérants. Une
fois débarqués, ses blessés, malades et naufragés perdront
donc leur liberté et deviendront des internés.

Mais peut-on en dire autant pour le vaisseau de guerre
neutre à bord duquel se sont réfugiées des victimes de la
lutte ? L'article 15 ne paraît pas écarter plus que les autres
cette nouvelle hypothèse. Le débarquement dans un port
étranger, avec l'internement qui en est la conséquence, ne
constitue t-il pas en définitive l'une des mesures que l'article 13 lui impose pour empêcher les individus recueillis
de participer de nouveau aux hostilités ? Ce navire a assu-
rément le droit de les déposer, sous condition de les y
garder, dans un port de sa nationalité ; pourquoi ne pour-
rait-il pas, si leur santé l'exige, les livrer, dans un port
plus voisin, aux mains d'une autre nation neutre ?

Il est cependant un cas qu'on semble avoir entendu
soustraire à l'application de l'article 15, malgré la généralité de ses termes : c'est celui où des blessés, des
malades et des naufragés ont été recueillis *occasionnellement* par un navire privé non hospitalier, belligérant
ou neutre. Le rapport général, envisageant l'hypothèse
d'un navire du service auxiliaire, s'exprime en effet
de la façon suivante : « Si un bâtiment de commerce
neutre, ayant recueilli occasionnellement des blessés
ou des malades, même des naufragés, arrive dans un port
neutre sans avoir rencontré de croiseur et sans avoir pris
aucun engagement, les individus qu'il débarque ne
tombent pas sous le coup de la disposition (de l'article 15) ;

ils sont libres ». Comment expliquer cette solution ? On a sans doute pensé qu'ici, en débarrassant le navire de ses passagers, l'État neutre ne rendait pas vraiment un service contraire à la neutralité, puisque ce navire, n'ayant pris que *fortuitement* à son bord des blessés, malades et naufragés, n'a plus à retourner sur le théâtre des hostilités pour y assister de nouveau les flottes ennemies. Pareille décision est peut-être fâcheuse. Dans la réalité, le neutre qui reçoit sur son territoire, sans avoir à les enfermer, les troupes d'un belligérant ne rend-il pas à celui-ci un véritable service ? ces troupes, devenues libres, pourront rejoindre son armée ; l'adversaire se trouve d'autre part définitivement empêché, par la réception du navire, d'exercer à son encontre le droit de visite et de s'en faire remettre ainsi les marins et les militaires. Il paraît bien que les blessés, malades et naufragés débarqués en territoire neutre devraient toujours être assimilés à ceux qui se réfugient à bord d'un vaisseau de guerre neutre, car dans l'un et l'autre cas ils échappent à tout contrôle des belligérants et sont entièrement perdus pour eux.

Ce que vise l'article 15 de la Convention, c'est en définitive l'*évacuation*, sur territoire neutre, de blessés, malades ou naufragés appartenant aux forces belligérantes. Une hypothèse doit dès lors être soustraite à son application : lorsqu'un navire belligérant se retire dans un port neutre pour échapper à l'ennemi et débarque, au moment de désarmer ou même avant de désarmer, les prisonniers de guerre qu'il peut avoir à bord, ces prisonniers deviennent libres sitôt qu'ils touchent le sol de l'État neutre.

SECTION IV. — De l'exécution de la Convention.

Les auteurs de la Convention de 1907, convaincus que celle-ci ne pouvait prévoir toutes les difficultés susceptibles de se présenter en fait et que les dispositions n'en seraient

vraiment utiles que si elles étaient connues et convenable-
ment appliquées, se sont, à ces deux points de vue,
occupés de son exécution. Ils ont ainsi comblé une lacune
qui existait dans l'Accord de 1899, en reproduisant les
articles 25 et 26 de la Convention de Genève de 1906
(v. ci-dessus, p. 73 et suiv.).

L'article 19 du nouvel Accord porte en effet ce qui suit :
« Les commandants en chef des flottes des belligérants
auront à pourvoir aux détails d'exécution des articles
précédents, ainsi qu'aux cas non prévus, d'après les
instructions de leurs gouvernements respectifs et conformément aux principes généraux de la présente Convention ».

Et son article 20 dispose : « Les puissances signataires
prendront les mesures nécessaires pour instruire leurs
marines, et spécialement le personnel protégé, des dispositions de la présente Convention et pour les porter à la
connaissance des populations ». C'est dès le temps de
paix, et non pas seulement lorsqu'une guerre a éclaté,
que la connaissance de la Convention de la Haye doit être
ainsi répandue : comme le dit fort justement le rapport
général, « les dispositions les meilleures restent lettre
morte si on ne prend pas à l'avance les précautions
nécessaires pour instruire ceux qui auront à les appliquer. »

CONCLUSION

Il convient, en terminant, de marquer l'esprit à la fois élevé et pratique du droit hospitalier international.

En s'inspirant d'idées de pitié et de charité pour les victimes de la guerre, les Conventions de Genève et de la Haye ont enrichi le patrimoine moral du monde d'une de ses plus belles conquêtes. Mais, cherchant, d'après les propres termes de leur préambule, à « diminuer, autant qu'il dépendait d'elles, les maux inséparables de la guerre », elles n'ont pas pu s'abstraire des réalités. Elles ont abandonné aux idéologues la poursuite des chimères, pour se contenter d'un progrès relatif mais réalisable. De la sorte, elles ont assis leur édifice sur des bases dont la solidité défiera les épreuves et permettra à l'avenir les améliorations préparées par les mœurs.

A ceux qui leur ont reproché d'avoir trop aisément sacrifié aux exigences de la guerre les plus hautes raisons d'humanité, l'expérience a depuis longtemps répondu, en montrant l'insuccès de toute disposition qui, en sens opposé, sacrifiait aux aspirations humanitaires les plus impérieuses nécessités de la lutte armée. Il en fut ainsi des Articles additionnels de 1868, que les États ne se résolurent jamais à adopter définitivement. Il en fut de même de toutes les clauses de la première Convention de Genève, qui, pour s'être trop inspirées d'idées généreuses, demeurèrent dans la pratique lettre morte.

De cette dure expérience, les récents Accords de la Croix-Rouge ont fait leur profit. Éclairée par les avis sages et pondérés des techniciens, — médecins, jurisconsultes, militaires et marins, — la diplomatie a réussi à concilier, dans une juste mesure, les raisons d'humanité et les nécessités militaires. Son œuvre est durable, parce qu'elle est éminemment pratique.

Toute la législation internationale de la Croix-Rouge est, en effet, basée sur l'intérêt mutuel et solidaire des belligérants. Elle y puise son fondement et la meilleure garantie de son observation.

Les États et, individuellement, les hommes de leurs armées de terre et de mer doivent respecter et soigner les blessés, malades et naufragés de l'ennemi, parce que, l'obligation étant réciproque, ils y trouvent tous et chacun personnellement leur intérêt. Le belligérant imposera à son armée le respect des blessés de l'adversaire et à son personnel sanitaire l'obligation de les soigner, car c'est pour lui le moyen d'assurer à ses propres blessés, chez l'ennemi, le respect et l'assistance dont ils auront besoin. A ses ordres, officiers et soldats doivent obéir sans réserve, non seulement par discipline envers leurs chefs, mais encore par intérêt égoïste pour eux-mêmes, puisqu'ils risquent de recevoir chez l'adversaire les mauvais traitements qu'ils seraient tentés de donner, chez eux, à ses blessés.

De même, si les belligérants doivent respecter et protéger les formations sanitaires et les bâtiments hospitaliers, c'est d'abord afin que l'ennemi respecte et protège leur propre matériel ; c'est ensuite parce que, grâce à l'obligation réciproque de recueillir et de soigner toutes les victimes de la lutte, le matériel ennemi est destiné à leur rendre personnellement service. Le belligérant renonce à son droit de confisquer les ambulances et les bâtiments hospitaliers de l'ennemi parce que, le cas échéant, ce matériel servira à ses soldats et à ses marins autant qu'à ceux de l'adversaire. L'homme qui serait assez barbare pour tirer sur une ambulance devrait, à défaut de cœur, avoir un peu de réflexion pour comprendre que cet acte équivaut à un suicide, car il détruit l'instrument de son éventuel salut.

La même explication peut enfin être donnée pour les immunités du personnel sanitaire. Chirurgiens, médecins et infirmiers sont les agents par lesquels les armées exécutent leur commune obligation à l'égard des blessés et malades. Ils doivent, à cette fin, être entourés, partout et toujours, de respect et de protection. Leurs immunités ont sans doute un caractère exceptionnel, puisqu'elles dérogent aux lois de la guerre qui, rigoureusement, auraient dû s'appliquer à eux comme aux autres membres des armées. Mais elles ne sauraient à aucun titre être considérées comme des faveurs. Ce ne sont pas des avantages gratuits et sans équivalent. Le personnel sanitaire doit son traitement privilégié aux devoirs spéciaux qui lui sont imposés. Il ne serait pas non plus exact de voir dans les immunités la récompense ou le prix de ces devoirs, car elles ne sont pour lui que des moyens jugés indispensables pour qu'il soit à même de remplir son rôle bienfaisant. C'est pour ce motif, et dans cette mesure, qu'elles lui sont données et qu'il peut en profiter. Aussitôt qu'il s'écarte de son rôle, qu'il néglige son devoir vis-à-vis d'un malade quelconque, il cesse d'y avoir droit, car, se dépouillant de son caractère charitable, il redevient pour l'adversaire un ennemi ordinaire. C'est qu'ici encore le belligérant et ses hommes n'acceptent de respecter le personnel sanitaire ennemi que parce qu'ils y sont intéressés. Ils le sont indirectement, afin que, par réciprocité, l'adversaire respecte leur propre personnel. Ils le sont, en outre, directement, parce qu'ils peuvent, le cas échéant, profiter eux-mêmes des services du personnel ennemi. C'est ce qui permet de dire (v. ci-dessus, p. 31) que la conduite du soldat qui, mal instruit de ses devoirs et de ses intérêts, tire sur les infirmiers de l'armée ennemie, n'est pas seulement inhumaine et barbare : elle est encore absolument insensée.

Cependant, si l'intérêt même des belligérants est à la

base du droit hospitalier, les Conventions de la Croix-Rouge ne font appel qu'à l'intérêt qui peut être clairement aperçu et facilement compris par les esprits les plus simples et les plus férocement égoïstes. Elles ne demandent aucun sacrifice proprement dit. Elles n'imposent aucune obligation difficile à observer. Leurs prescriptions, très simples dans le fond comme dans la forme, sont parfaitement compatibles avec les véritables exigences militaires. Tout, dans les Accords récents, a été bien pesé et calculé pour écarter d'avance les prétextes par lesquels on chercherait à échapper aux engagements pris. Rien ne saurait plus excuser une conduite jugée inhumaine ou une attitude simplement équivoque.

Le droit hospitalier international porte avec lui sa sanction ; car le connaître, c'est le respecter. Aussi bien, pour en assurer la scrupuleuse application, il suffit que chacun soit informé de ses règles et de l'esprit utilitaire qui les inspire. C'est ce qui a été bien compris. Les Conventions de 1906 et de 1907 ont imposé aux gouvernements l'obligation de porter leur texte à la connaissance des populations et d'instruire de leur contenu leurs troupes, leurs marines, et spécialement leur personnel sanitaire.

Puisse ce *Manuel* faciliter cette tâche et contribuer ainsi à l'amélioration du sort des victimes de la guerre !

Documents annexes

I

Convention de Genève du 22 août 1864.

CONVENTION POUR L'AMÉLIORATION DU SORT DES MILITAIRES BLESSÉS DANS LES ARMÉES EN CAMPAGNE (1).

(Indication des Souverains et Chefs d'État)

Également animés du désir d'adoucir, autant qu'il dépend d'eux, les maux inséparables de la guerre, de supprimer les rigueurs inutiles et d'améliorer le sort des militaires blessés sur les champs de bataille, ont résolu de conclure une Convention à cet effet, et ont nommé pour Leurs Plénipotentiaires, savoir...

Lesquels, après avoir échangé leurs pouvoirs, trouvés en bonne et due forme, sont convenus des articles suivants :

ARTICLE PREMIER. — Les ambulances et les hôpitaux militaires seront reconnus neutres, et, comme tels, protégés et respectés par les belligérants, aussi longtemps qu'il s'y trouvera des malades ou des blessés.

La neutralité cesserait si ces ambulances ou ces hôpitaux étaient gardés par une force militaire.

ART. 2. — Le personnel des hôpitaux et des ambulances, comprenant l'intendance, les services de santé, d'administration, de transport des blessés ; ainsi que les aumôniers, participera au bénéfice de la neutralité lorsqu'il fonctionnera, et tant qu'il restera des blessés à relever ou à secourir.

ART. 3. — Les personnes désignées dans l'article précédent pourront, même après l'occupation par l'ennemi, continuer à remplir leurs fonctions dans l'hôpital ou l'ambulance qu'elles

(1) V. ci-dessus, p 4, note 1, la liste des États signataires et adhérents.

desservent, ou se retirer pour rejoindre le corps auquel elles appartiennent.

Dans ces circonstances, lorsque ces personnes cesseront leurs fonctions, elles seront remises aux avant-postes ennemis par les soins de l'armée occupante.

Art. 4. — Le matériel des hôpitaux militaires demeurant soumis aux lois de la guerre, les personnes attachées à ces hôpitaux ne pourront, en se retirant, emporter que les objets qui seront leur propriété particulière.

Dans les mêmes circonstances, au contraire, l'ambulance conservera son matériel.

Art. 5. — Les habitants du pays qui porteront secours aux blessés seront respectés et demeureront libres. Les généraux des Puissances belligérantes auront pour mission de prévenir les habitants de l'appel fait à leur humanité et de la neutralité qui en sera la conséquence.

Tout blessé recueilli et soigné dans une maison y servira de sauvegarde. L'habitant qui aura recueilli chez lui des blessés sera dispensé du logement des troupes, ainsi que d'une partie des contributions de guerre qui seraient imposées.

Art. 6. — Les militaires blessés ou malades seront recueillis et soignés, à quelque nation qu'ils appartiennent.

Les commandants en chef auront la faculté de remettre immédiatement aux avant-postes ennemis les militaires ennemis blessés pendant le combat, lorsque les circonstances le permettront, et du consentement des deux parties.

Seront renvoyés dans leur pays ceux qui, après guérison, seront reconnus incapables de servir.

Les autres pourront être également renvoyés, à la condition de ne pas reprendre les armes pendant la durée de la guerre.

Les évacuations, avec le personnel qui les dirige, seront couvertes par une neutralité absolue.

Art. 7. — Un drapeau distinctif et uniforme sera adopté pour les hôpitaux, les ambulances et les évacuations. Il devra être en toute circonstance accompagné du drapeau national.

Un brassard sera également admis pour le personnel neutralisé, mais la délivrance en sera laissée à l'autorité militaire.

Le drapeau et le brassard porteront croix rouge sur fond blanc.

Art. 8. — Les détails d'exécution de la présente Convention seront réglés par les commandants en chef des armées belligérantes, d'après les instructions de leurs Gouvernements respectifs, et conformément aux principes généraux énoncés dans cette Convention.

ART. 9. — Les Hautes Puissances Contractantes sont convenues de communiquer la présente Convention aux Gouvernements qui n'ont pu envoyer des Plénipotentiaires à la Conférence internationale de Genève, en les invitant à y accéder ; le protocole est à cet effet laissé ouvert.

ART. 10. — La présente Convention sera ratifiée, et les ratifications en seront échangées à Berne, dans l'espace de quatre mois, ou plus tôt, si faire se peut.

En foi de quoi, les Plénipotentiaires respectifs l'ont signée et y ont apposé le cachet de leurs armes.

Fait à Genève, le vingt-deuxième jour du mois d'août de l'an mil huit cent soixante-quatre.

II

Convention de la Haye du 29 juillet 1899.

CONVENTION POUR L'ADAPTATION A LA GUERRE MARITIME DES PRINCIPES DE LA CONVENTION DE GENÈVE DU 22 AOUT 1864 (1).

(Indication des Souverains et Chefs d'État)

Également animés du désir de diminuer, autant qu'il dépend d'eux, les maux inséparables de la guerre et voulant dans ce but adapter à la guerre maritime les principes de la Convention de Genève du 22 août 1864, ont résolu de conclure une Convention à cet effet.

Ils ont en conséquence nommé pour Leurs Plénipotentiaires, savoir...

Lesquels, après s'être communiqué leurs pleins pouvoirs, trouvés en bonne et due forme, sont convenus des dispositions suivantes :

ARTICLE PREMIER. — Les bâtiments-hôpitaux militaires, c'est-à-dire les bâtiments construits ou aménagés par les États spécialement et uniquement en vue de porter secours aux blessés, malades et naufragés, et dont les noms auront été communiqués, à l'ouverture ou au cours des hostilités, en tout cas avant toute mise en usage, aux Puissances belligérantes, sont respectés et ne peuvent être capturés pendant la durée des hostilités.

Ces bâtiments ne sont pas non plus assimilés aux navires de guerre au point de vue de leur séjour dans un port neutre.

ART. 2. — Les bâtiments hospitaliers, équipés en totalité ou

(1) V. ci-dessus, p. 5, note 1, la liste des États signataires et adhérents.

en partie aux frais des particuliers ou des Sociétés de secours officiellement reconnues, sont également respectés et exempts de capture, si la Puissance belligérante dont ils dépendent leur a donné une commission officielle et en a notifié les noms à la Puissance adverse à l'ouverture ou au cours des hostilités, en tout cas avant toute mise en usage.

Ces navires doivent être porteurs d'un document de l'Autorité compétente déclarant qu'ils ont été soumis à son contrôle pendant leur armement et à leur départ final.

ART. 3. — Les bâtiments hospitaliers, équipés en totalité ou en partie aux frais des particuliers ou des Sociétés officiellement reconnues de Pays neutres, sont respectés et exempts de capture, si la Puissance neutre dont ils dépendent leur a donné une commission officielle et en a notifié les noms aux Puissances belligérantes à l'ouverture ou au cours des hostilités, en tout cas avant toute mise en usage.

ART. 4. — Les bâtiments qui sont mentionnés dans les articles 1er, 2 et 3 porteront secours et assistance aux blessés, malades et naufragés des belligérants sans distinction de nationalité.

Les Gouvernements s'engagent à n'utiliser ces bâtiments pour aucun but militaire.

Ces bâtiments ne devront gêner en aucune manière les mouvements des combattants.

Pendant et après le combat, ils agiront à leurs risques et périls.

Les belligérants auront sur eux le droit de contrôle et de visite ; ils pourront refuser leur concours, leur enjoindre de s'éloigner, leur imposer une direction déterminée et mettre à bord un commissaire, même les détenir, si la gravité des circonstances l'exigeait.

Autant que possible, les belligérants inscriront sur le journal de bord des bâtiments hospitaliers les ordres qu'ils leur donneront.

ART. 5. — Les bâtiments-hôpitaux militaires seront distingués par une peinture extérieure blanche avec une bande horizontale verte d'un mètre et demi de largeur environ.

Les bâtiments qui sont mentionnés dans les articles 2 et 3 seront distingués par une peinture extérieure blanche avec une bande horizontale rouge d'un mètre et demi de largeur environ.

Les embarcations des bâtiments qui viennent d'être mentionnés, comme les petits bâtiments qui pourront être affectés au service hospitalier se distingueront par une peinture analogue.

Tous les bâtiments hospitaliers se feront reconnaître en

hissant, avec leur pavillon national, le pavillon blanc à croix
rouge prévu par la Convention de Genève.

Art. 6. — Les bâtiments de commerce, yachts ou embarcations neutres, portant ou recueillant des blessés, des malades ou
des naufragés des belligérants, ne peuvent être capturés pour le
fait de ce transport, mais ils restent exposés à la capture pour
les violations de neutralité qu'ils pourraient avoir commises.

Art. 7. — Le personnel religieux, médical et hospitalier de
tout bâtiment capturé est inviolable et ne peut être fait prisonnier de guerre. Il emporte, en quittant le navire, les objets
et les instruments de chirurgie qui sont sa propriété particulière.

Ce personnel continuera à remplir ses fonctions tant que cela
sera nécessaire, et il pourra ensuite se retirer lorsque le commandant en chef le jugera possible.

Les belligérants doivent assurer à ce personnel tombé entre
leurs mains la jouissance intégrale de son traitement.

Art. 8. — Les marins et les militaires embarqués blessés ou
malades, à quelque nation qu'ils appartiennent, seront protégés
et soignés par les capteurs.

Art. 9. — Sont prisonniers de guerre les naufragés, blessés
ou malades d'un belligérant qui tombent au pouvoir de l'autre.
Il appartient à celui-ci de décider, suivant les circonstances, s'il
convient de les garder, de les diriger sur un port de sa nation,
sur un port neutre ou même sur un port de l'adversaire. Dans
ce dernier cas, les prisonniers ainsi rendus à leur pays ne pourront servir pendant la durée de la guerre.

Art. 10 (1). — Les naufragés, blessés ou malades qui sont
débarqués dans un port neutre, du consentement de l'autorité
locale, devront, à moins d'un arrangement contraire de l'État
neutre avec les États belligérants, être gardés par l'État neutre,
de manière qu'ils ne puissent pas de nouveau prendre part aux
opérations de la guerre.

Les frais d'hospitalisation et d'internement seront supportés
par l'État dont relèvent les naufragés, blessés ou malades.

Art. 11. — Les règles contenues dans les articles ci-dessus ne
sont obligatoires que pour les Puissances contractantes, en cas
de guerre entre deux ou plusieurs d'entre elles.

Lesdites règles cesseront d'être obligatoires du moment où
dans une guerre entre des Puissances contractantes, une Puis-

---

(1) Cet article a été exclu des ratifications (v. ci-dessus, p. 120).

sauce non contractante se joindrait à l'un des belligérants.

ART. 12. — La présente Convention sera ratifiée dans le plus bref délai possible.

Les ratifications seront déposées à la Haye.

Il sera dressé du dépôt de chaque ratification un procès-verbal, dont une copie, certifiée conforme, sera remise par la voie diplomatique à toutes les Puissances contractantes.

ART. 13. — Les Puissances non signataires, qui auront accepté la Convention de Genève du 22 août 1864, sont admises à adhérer à la présente Convention.

Elles auront, à cet effet, à faire connaître leur adhésion aux Puissances contractantes, au moyen d'une notification écrite, adressée au Gouvernement des Pays-Bas, et communiquée à toutes les Puissances contractantes.

ART. 14. — S'il arrivait qu'une des Hautes Parties Contractantes dénonçât la présente Convention, cette dénonciation ne produirait ses effets qu'un an après la notification faite par écrit au Gouvernement des Pays-Bas et communiquée immédiatement par celui-ci à toutes les autres Puissances contractantes.

Cette dénonciation ne produira ses effets qu'à l'égard de la Puissance qui l'aura notifiée.

En foi de quoi, les Plénipotentiaires respectifs ont signé la présente Convention et l'ont revêtue de leurs sceaux.

Fait à la Haye, le vingt-neuf juillet mil huit cent quatre-vingt-dix-neuf, en un seul exemplaire qui restera déposé dans les archives du Gouvernement des Pays-Bas et dont des copies, certifiées conformes, seront remises par la voie diplomatique aux Puissances contractantes.

III

Convention de la Haye du 21 décembre 1904.

CONVENTION SUR LES BATIMENTS HOSPITALIERS (1).

(Indication des Souverains et Chefs d'État)

Considérant que la Convention, conclue à la Haye le 29 juillet 1899, pour l'adaptation à la guerre maritime des principes de la Convention de Genève du 22 août 1864, a consacré le principe de l'intervention de la Croix-Rouge dans les guerres navales par des dispositions en faveur des bâtiments hospitaliers ; désirant conclure une Convention à l'effet de faciliter par des dispositions nouvelles la mission desdits bâtiments, ont nommé comme Plénipotentiaires, savoir...

Lesquels, après s'être communiqué leurs pleins pouvoirs, trouvés en bonne et due forme, sont convenus des dispositions suivantes :

ARTICLE PREMIER. — Les bâtiments hospitaliers, à l'égard desquels se trouvent remplies les conditions prescrites dans les articles 1er, 2 et 3 de la Convention conclue à la Haye le 29 juillet 1899 pour l'adaptation à la guerre maritime des principes de la Convention de Genève du 22 août 1864, seront exemptés, en temps de guerre, dans les ports des Parties contractantes, de tous les droits et taxes imposés aux navires au profit de l'État.

ART. 2. — La disposition de l'article précédent n'empêche pas l'application, au moyen de la visite et d'autres formalités, des lois fiscales ou autres lois en vigueur dans ces ports.

ART. 3. — La règle contenue dans l'article 1er n'est obli-

(1) V. ci-dessus, p. 92, note 1, la liste des États signataires et adhérents.

gatoire que pour les Puissances contractantes, en cas de guerre entre deux ou plusieurs d'entre elles.

Ladite règle cessera d'être obligatoire du moment où, dans une guerre entre des Puissances contractantes, une Puissance non contractante se joindrait à l'un des belligérants.

ART. 4. — La présente Convention qui, portant la date de ce jour, pourra être signée jusqu'au 1er octobre 1905 par les Puissances qui en auraient manifesté le désir, sera ratifiée dans le plus bref délai possible.

Les ratifications seront déposées à la Haye. Il sera dressé du dépôt des ratifications un procès-verbal dont une copie, certifiée conforme, sera remise après chaque dépôt, par la voie diplomatique, à toutes es Puissances contractantes.

ART. 5. — Les Puissances non signataires sont admises à adhérer à la présente Convention après le 1er octobre 1905.

Elles auront, à cet effet, à faire connaître leur adhésion aux Puissances contractantes au moyen d'une notification écrite, adressée au Gouvernement des Pays-Bas et communiquée par celui-ci à toutes les autres Puissances contractantes.

ART. 6. — S'il arrivait qu'une des Hautes Parties Contractantes dénonçât la présente Convention, cette dénonciation ne produirait ses effets qu'un an après la notification faite par écrit au Gouvernement des Pays-Bas et communiquée immédiatement par celui-ci à toutes les autres Puissances contractantes.

Cette dénonciation ne produira ses effets qu'à l'égard de la Puissance qui l'aura notifiée.

En foi de quoi, les Plénipotentiaires ont signé la présente Convention et l'ont revêtue de leurs cachets.

Fait à la Haye, le vingt et un décembre mil neuf cent quatre, en un seul exemplaire, qui restera déposé dans les archives du Gouvernement des Pays-Bas, et dont des copies, certifiées conformes, seront remises par la voie diplomatique aux Puissances contractantes.

IV

Convention de Genève du 6 juillet 1906.

CONVENTION POUR L'AMÉLIORATION DU SORT DES BLESSÉS ET MALADES DANS LES ARMÉES EN CAMPAGNE (1).

(Indication des Souverains et Chefs d'État)

Également animés du désir de diminuer, autant qu'il dépend d'eux, les maux inséparables de la guerre et voulant, dans ce but, perfectionner et compléter les dispositions convenues à Genève, le 22 août 1864, pour l'amélioration du sort des militaires blessés ou malades dans les armées en campagne.

Ont résolu de conclure une nouvelle Convention à cet effet, et ont nommé pour Leurs Plénipotentiaires, savoir :...

Lesquels, après s'être communiqué leurs pleins pouvoirs, trouvés en bonne et due forme, sont convenus de ce qui suit.

CHAPITRE PREMIER. — *Des blessés et malades.*

ARTICLE PREMIER. — Les militaires et les autres personnes officiellement attachées aux armées, qui seront blessés ou malades, devront être respectés et soignés, sans distinction de nationalité, par le belligérant qui les aura en son pouvoir.

Toutefois, le belligérant obligé d'abandonner des malades ou des blessés à son adversaire laissera avec eux, autant que les circonstances militaires le permettront, une partie de son personnel et de son matériel sanitaires pour contribuer à les soigner.

ART. 2. — Sous réserve des soins à leur fournir en vertu de l'article précédent, les blessés ou malades d'une armée tombés

---

(1) V. ci-dessus, p. 7, notes 1 et 2, la liste des États signataires et adhérents.

au pouvoir de l'autre belligérant sont prisonniers de guerre et les règles générales du droit des gens concernant les prisonniers leur sont applicables.

Cependant les belligérants restent libres de stipuler entre eux, à l'égard des prisonniers blessés ou malades, telles clauses d'exception ou de faveur qu'ils jugeront utiles ; ils auront, notamment, la faculté de convenir :

De se remettre réciproquement, après un combat, les blessés laissés sur le champ de bataille ;

De renvoyer dans leurs pays, après les avoir mis en état d'être transportés ou après guérison, les blessés ou malades qu'ils ne voudront pas garder prisonniers ;

De remettre à un État neutre, du consentement de celui-ci, des blessés ou malades de la partie adverse, à la charge par l'État neutre de les interner jusqu'à la fin des hostilités.

ART. 3. — Après chaque combat, l'occupant du champ de bataille prendra des mesures pour rechercher les blessés et pour les faire protéger, ainsi que les morts, contre le pillage et les mauvais traitements.

Il veillera à ce que l'inhumation ou l'incinération des morts soit précédée d'un examen attentif de leurs cadavres.

ART. 4. — Chaque belligérant enverra, dès qu'il sera possible, aux autorités de leurs pays ou de leur armée les marques ou pièces militaires d'identité trouvées sur les morts et l'état nominatif des blessés ou malades recueillis par lui.

Les belligérants se tiendront réciproquement au courant des internements et des mutations, ainsi que des entrées dans les hôpitaux et des décès survenus parmi les blessés et malades en leur pouvoir. Ils recueilleront tous les objets d'un usage personnel, valeurs, lettres, etc., qui seront trouvés sur les champs de bataille ou délaissés par les blessés ou malades décédés dans les établissements et formations sanitaires, pour les faire transmettre aux intéressés par les Autorités de leur pays.

ART. 5. — L'Autorité militaire pourra faire appel au zèle charitable des habitants pour recueillir et soigner, sous son contrôle, des blessés ou malades des armées, en accordant aux personnes ayant répondu à cet appel une protection spéciale et certaines immunités.

CHAPITRE II. — *Des formations et établissements sanitaires.*

ART. 6. — Les formations mobiles (c'est-à-dire celles qui sont destinées à accompagner les armées en campagne) et les établissements fixes du service de santé seront respectés et protégés par les belligérants.

Art. 7. — La protection due aux formations et établissements sanitaires cesse si l'on en use pour commettre des actes nuisibles à l'ennemi.

Art. 8. — Ne sont pas considérés comme étant de nature à priver une formation ou un établissement sanitaire de la protection assurée par l'article 6 :

1° Le fait que le personnel de la formation ou de l'établissement est armé et qu'il use de ses armes pour sa propre défense ou celle de ses malades et blessés ;

2° Le fait qu'à défaut d'infirmiers armés, la formation ou l'établissement est gardé par un piquet ou des sentinelles munis d'un mandat régulier ;

3° Le fait qu'il est trouvé dans la formation ou l'établissement des armes et cartouches retirées aux blessés et n'ayant pas encore été versées au service compétent.

Chapitre III. — *Du personnel.*

Art. 9. — Le personnel exclusivement affecté à l'enlèvement, au transport et au traitement des blessés et des malades, ainsi qu'à l'administration des formations et établissements sanitaires, les aumôniers attachés aux armées, seront respectés et protégés en toute circonstance; s'ils tombent entre les mains de l'ennemi, ils ne seront pas traités comme prisonniers de guerre.

Ces dispositions s'appliquent au personnel de garde des formations et établissements sanitaires dans le cas prévu à l'article 8, n° 2.

Art. 10. — Est assimilé au personnel visé à l'article précédent le personnel des Sociétés de secours volontaires dûment reconnues et autorisées par leur Gouvernement, qui sera employé dans les formations et établissements sanitaires des armées, sous la réserve que ledit personnel sera soumis aux lois et règlements militaires.

Chaque État doit notifier à l'autre, soit dès le temps de paix, soit à l'ouverture ou au cours des hostilités, en tout cas avant tout emploi effectif, les noms des Sociétés qu'il a autorisées à prêter leur concours, sous sa responsabilité, au service sanitaire officiel de ses armées.

Art. 11. — Une Société reconnue d'un pays neutre ne peut prêter le concours de ses personnel et formations sanitaires à un belligérant qu'avec l'assentiment préalable de son propre Gouvernement et l'autorisation du belligérant lui-même.

Le belligérant qui a accepté le secours est tenu, avant tout emploi, d'en faire la notification à son ennemi.

ART. 12. — Les personnes désignées dans les articles 9, 10 et 11 continueront, après qu'elles seront tombées au pouvoir de l'ennemi, à remplir leurs fonctions sous sa direction.

Lorsque leur concours ne sera plus indispensable, elles seront renvoyées à leur armée ou à leur pays dans les délais et suivant l'itinéraire compatibles avec les nécessités militaires.

Elles emporteront, alors, les effets, les instruments, les armes et les chevaux qui sont leur propriété particulière.

ART. 13. — L'ennemi assurera au personnel visé par l'article 9, pendant qu'il sera en son pouvoir, les mêmes allocations et la même solde qu'au personnel des mêmes grades de son armée.

CHAPITRE IV. — *Du matériel.*

ART. 14. — Les formations sanitaires mobiles conserveront, si elles tombent au pouvoir de l'ennemi, leur matériel, y compris les attelages, quels que soient les moyens de transport et le personnel conducteur.

Toutefois, l'Autorité militaire compétente aura la faculté de s'en servir pour les soins des blessés et malades ; la restitution du matériel aura lieu dans les conditions prévues pour le personnel sanitaire, et, autant que possible, en même temps.

ART. 15. — Les bâtiments et le matériel des établissements fixes demeurent soumis aux lois de la guerre, mais ne pourront être détournés de leur emploi, tant qu'ils seront nécessaires aux blessés et aux malades.

Toutefois, les commandants des troupes d'opérations pourront en disposer, en cas de nécessités militaires importantes, en assurant au préalable le sort des blessés et malades qui s'y trouvent.

ART. 16. — Le matériel des Sociétés de secours, admises au bénéfice de la Convention conformément aux conditions déterminées par celle-ci, est considéré comme propriété privée et, comme tel, respecté en toute circonstance, sauf le droit de réquisition reconnu aux belligérants selon les lois et usages de la guerre.

Chapitre V. — *Des convois d'évacuation.*

Art. 17. — Les convois d'évacuation seront traités comme les formations sanitaires mobiles, sauf les dispositions spéciales suivantes :

1° Le belligérant interceptant un convoi pourra, si les nécessités militaires l'exigent, le disloquer en se chargeant des malades et blessés qu'il contient.

2° Dans ce cas, l'obligation de renvoyer le personnel sanitaire, prévue à l'article 12, sera étendue à tout le personnel militaire préposé au transport ou à la garde du convoi et muni à cet effet d'un mandat régulier.

L'obligation de rendre le matériel sanitaire, prévue à l'article 14, s'appliquera aux trains de chemins de fer et bateaux de la navigation intérieure spécialement organisés pour les évacuations, ainsi qu'au matériel d'aménagement des voitures, trains et bateaux ordinaires appartenant au service de santé.

Les voitures militaires, autres que celles du service de santé, pourront être capturées avec leurs attelages.

Le personnel civil et les divers moyens de transport provenant de la réquisition, y compris le matériel de chemin de fer et les bateaux utilisés pour les convois, seront soumis aux règles générales du droit des gens.

Chapitre VI. — *Du signe distinctif.*

Art. 18. — Par hommage pour la Suisse, le signe héraldique de la croix rouge sur fond blanc, formé par interversion des couleurs fédérales, est maintenu comme emblème et signe distinctif du service sanitaire des armées.

Art. 19. — Cet emblème figure sur les drapeaux, les brassards, ainsi que sur tout le matériel se rattachant au service sanitaire, avec la permission de l'Autorité militaire compétente.

Art. 20. — Le personnel protégé en vertu des articles 9, alinéa 1er, 10 et 11, porte, fixé au bras gauche, un brassard avec croix rouge sur fond blanc, délivré et timbré par l'Autorité militaire compétente, accompagné d'un certificat d'identité pour les personnes rattachées au service de santé des armées et qui n'auraient pas d'uniforme militaire.

Art. 21. — Le drapeau distinctif de la Convention ne peut

être arboré que sur les formations et établissements sanitaires qu'elle ordonne de respecter et avec le consentement de l'Autorité militaire. Il devra être accompagné du drapeau national du belligérant dont relève la formation ou l'établissement.

Toutefois, les formations sanitaires tombées au pouvoir de l'ennemi n'arboreront pas d'autre drapeau que celui de la Croix-Rouge, aussi longtemps qu'elles se trouveront dans cette situation.

Art. 22. — Les formations sanitaires des pays neutres qui, dans les conditions prévues par l'article 11, auraient été autorisées à fournir leurs services doivent arborer, avec le drapeau de la Convention, le drapeau national du belligérant dont elles relèvent.

Les dispositions du deuxième alinéa de l'article précédent leur sont applicables.

Art. 23. — L'emblème de la croix rouge sur fond blanc et les mots *Croix-Rouge* ou *Croix de Genève* ne pourront être employés, soit en temps de paix, soit en temps de guerre, que pour protéger ou désigner les formations et établissements sanitaires, le personnel et le matériel protégés par la Convention.

CHAPITRE VII. — *De l'application et de l'exécution*
de la Convention.

Art. 24. — Les dispositions de la présente Convention ne sont obligatoires que pour les Puissances contractantes, en cas de guerre entre deux ou plusieurs d'entre elles. Ces dispositions cesseront d'être obligatoires du moment où l'une des Puissances belligérantes ne serait pas signataire de la Convention.

Art. 25. — Les commandants en chef des armées belligérantes auront à pourvoir aux détails d'exécution des articles précédents, ainsi qu'aux cas non prévus, d'après les instructions de leurs Gouvernements respectifs et conformément aux principes généraux de la présente Convention.

Art. 26. — Les Gouvernements signataires prendront les mesures nécessaires pour instruire leurs troupes, et spécialement le personnel protégé, des dispositions de la présente Convention et pour les porter à la connaissance des populations.

CHAPITRE VIII. — *De la répression des abus et des infractions.*

Art. 27. — Les Gouvernements signataires, dont la législation ne serait pas dès à présent suffisante, s'engagent à prendre ou à proposer à leurs législatures les mesures nécessaires pour empêcher en tout temps l'emploi, par des particuliers ou par des Sociétés autres que celles y ayant droit en vertu de la présente Convention, de l'emblème ou de la dénomination de *Croix-Rouge* ou *Croix de Genève*, notamment dans un but commercial, par le moyen de marques de fabrique ou de commerce.

L'interdiction de l'emploi de l'emblème ou de la dénomination dont il s'agit produira son effet à partir de l'époque déterminée par chaque législation et, au plus tard, cinq ans après la mise en vigueur de la présente Convention. Dès cette mise en vigueur, il ne sera plus licite de prendre une marque de fabrique ou de commerce contraire à l'interdiction.

ART. 28. — Les Gouvernements signataires s'engagent également à prendre ou à proposer à leurs législations, en cas d'insuffisance de leurs lois pénales militaires, les mesures nécessaires pour réprimer, en temps de guerre, les actes individuels de pillage et de mauvais traitements envers des blessés et malades des armées, ainsi que pour punir, comme usurpation d'insignes militaires, l'usage abusif du drapeau et du brassard de la Croix-Rouge par des militaires ou des particuliers non protégés par la présente Convention.

Ils se communiqueront, par l'intermédiaire du Conseil fédéral suisse, les dispositions relatives à cette répression, au plus tard dans les cinq ans de la ratification de la présente Convention.

DISPOSITIONS GÉNÉRALES.

ART. 29. — La présente Convention sera ratifiée aussitôt que possible.

Les ratifications seront déposées à Berne.

Il sera dressé du dépôt de chaque ratification un procès-verbal dont une copie, certifiée conforme, sera remise par la voie diplomatique à toutes les Puissances contractantes.

ART. 30. — La présente Convention entrera en vigueur pour chaque Puissance six mois après la date du dépôt de sa ratification.

ART. 31. — La présente Convention, dûment ratifiée, remplacera la Convention du 22 août 1864 dans les rapports entre les États contractants.

La Convention de 1864 reste en vigueur dans les rapports entre les Parties qui l'ont signée et qui ne ratifieraient pas également la présente Convention.

Art. 32. — La présente Convention pourra, jusqu'au 31 décembre prochain, être signée par les Puissances représentées à la Conférence qui s'est ouverte à Genève le 11 juin 1906, ainsi que par les Puissances non représentées à cette Conférence qui ont signé la Convention de 1864.

Celles de ces Puissances qui, au 31 décembre 1906, n'auront pas signé la présente Convention resteront libres d'y adhérer par la suite. Elles auront à faire connaître leur adhésion au moyen d'une notification écrite adressée au Conseil fédéral suisse et communiquée par celui-ci à toutes les Puissances contractantes.

Les autres Puissances pourront demander à adhérer dans la même forme, mais leur demande ne produira effet que si, dans le délai d'un an à partir de la notification au Conseil fédéral, celui-ci n'a reçu d'opposition de la part d'aucune des Puissances contractantes.

Art. 33. — Chacune des Parties contractantes aura la faculté de dénoncer la présente Convention. Cette dénonciation ne produira ses effets qu'un an après la notification faite par écrit au Conseil fédéral suisse ; celui-ci communiquera immédiatement la notification à toutes les autres Parties contractantes.

Cette dénonciation ne vaudra qu'à l'égard de la Puissance qui l'aura notifiée.

En foi de quoi, les Plénipotentiaires ont signé la présente Convention et l'ont revêtue de leurs cachets.

Fait à Genève, le six juillet mil neuf cent six, en un seul exemplaire, qui restera déposé dans les archives de la Confédération suisse, et dont des copies, certifiées conformes, seront remises par la voie diplomatique aux Puissances contractantes.

V

Convention de la Haye du 18 octobre 1907.

CONVENTION POUR L'ADAPTATION A LA GUERRE MARITIME DES
PRINCIPES DE LA CONVENTION DE GENÈVE (1).

(Indication des Souverains et Chefs d'État)

Également animés du désir de diminuer, autant qu'il dépend
d'eux, les maux inséparables de la guerre ;

Et voulant, dant ce but, adapter à la guerre maritime les
principes de la Convention de Genève du 6 juillet 1906 ;

Ont résolu de conclure une Convention à l'effet de reviser la
Convention du 29 juillet 1899 relative à la même matière et ont
nommé pour Leurs Plénipotentiaires, savoir :....

Lesquels, après avoir déposé leurs pleins pouvoir , trouvés
en bonne et due forme, sont convenus des dispositions suivantes :

ARTICLE PREMIER. — Les bâtiments-hôpitaux militaires, c'est-
à-dire les bâtiments construits ou aménagés par les États spécialement et uniquement en vue de porter secours aux blessés,
malades et naufragés, et dont les noms auront été communiqués
à l'ouverture et au cours des hostilités, en tout cas avant toute
mise en usage, aux Puissances belligérantes, sont respectés et ne
peuvent être capturés pendant la durée des hostilités.

Ces bâtiments ne sont pas non plus assimilés aux navires de
guerre au point de vue de leur séjour dans un port neutre.

ART. 2. — Les bâtiments hospitaliers, équipés en totalité ou
en partie aux frais des particuliers ou des Sociétés de secours

---

(1) V. ci-dessus, p. 8, note 1, la liste des États signataires.

officiellement reconnues, sont également respectés et exempts
de capture, si la Puissance belligérante dont ils dépendent
leur a donné une commission officielle et en a notifié les noms à
la Puissance adverse à l'ouverture ou au cours des hostilités,
en tout cas avant toute mise en usage.

Ces navires doivent être porteurs d'un document de l'Autorité
compétente déclarant qu'ils ont été soumis à son contrôle pendant leur armement et à leur départ final.

ART. 3. — Les bâtiments hospitaliers, équipés en totalité ou
en partie aux frais des particuliers ou des Sociétés officiellement
reconnues de pays neutres, sont respectés et exempts de cap
ture, à condition qu'ils se soient mis sous la direction de l'un
des belligérants, avec l'assentiment préalable de leur propre
Gouvernement et avec l'autorisation du belligérant lui-même et
que ce dernier en ait notifié le nom à son adversaire dès l'ouverture ou dans le cours des hostilités, en tout cas avant tout
emploi.

ART. 4. — Les bâtiments qui sont mentionnés dans les
articles 1er, 2 et 3 porteront secours et assistance aux blessés,
malades et naufragés des belligérants sans distinction de nationalité.

Les Gouvernements s'engagent à n'utiliser ces bâtiments pour
aucun but militaire.

Ces bâtiments ne devront gêner en aucune manière les mouvements des combattants.

Pendant et après le combat, ils agiront à leurs risques et périls.

Les belligérants auront sur eux le droit de contrôle et de visite ; ils pourront refuser leur concours, leur enjoindre de s'é-
loigner, leur imposer une direction déterminée et mettre à bord
un commissaire, même les détenir, si la gravité des circonstances
l'exigeait.

Autant que possible, les belligérants inscriront sur le journal
de bord des bâtiments hospitaliers les ordres qu'ils leur donneront.

ART. 5. — Les bâtiments-hôpitaux militaires seront distingués
par une peinture extérieure blanche avec une bande horizontale
verte d'un mètre et demi de largeur environ.

Les bâtiments qui sont mentionnés dans les articles 2 et 3
seront distingués par une peinture extérieure blanche avec une
bande horizontale rouge d'un mètre et demi de largeur environ.

Les embarcations des bâtiments qui viennent d'être mention

nés, comme les petits bâtiments qui pourront être affectés au service hospitalier, se distingueront par une peinture analogue.

Tous les bâtiments hospitaliers se feront reconnaître en hissant, avec leur pavillon national, le pavillon blanc à croix rouge prévu par la Convention de Genève et, en outre, s'ils ressortissent à un Etat neutre, en arborant au grand mât le pavillon national du belligérant sous la direction duquel ils se sont placés.

Les bâtiments hospitaliers qui, dans les termes de l'article 4, sont détenus par l'ennemi auront à rentrer le pavillon national du belligérant dont ils relèvent.

Les bâtiments et embarcations ci-dessus mentionnés, qui veulent s'assurer la nuit le respect auquel ils ont droit, ont, avec l'assentiment du belligérant qu'ils accompagnent, à prendre les mesures nécessaires pour que la peinture qui les caractérise soit suffisamment apparente.

Art. 6. — Les signes distinctifs prévus à l'article 5 ne pourront être employés, soit en temps de paix, soit en temps de guerre, que pour protéger ou désigner les bâtiments qui y sont mentionnés.

Art. 7. — Dans le cas d'un combat à bord d'un vaisseau de guerre, les infirmeries seront respectées et ménagées autant que faire se pourra.

Ces infirmeries et leur matériel demeurent soumis aux lois de la guerre, mais ne pourront être détournés de leur emploi, tant qu'ils seront nécessaires aux blessés et malades.

Toutefois, le commandant qui les a en son pouvoir a la faculté d'en disposer, en cas de nécessité militaire importante, en assurant au préalable le sort des blessés et malades qui s'y trouvent.

Art. 8. — La protection due aux bâtiments hospitaliers et aux infirmeries des vaisseaux cesse si l'on en use pour commettre des actes nuisibles à l'ennemi.

N'est pas considéré comme étant de nature à justifier le retrait de la protection le fait que le personnel de ces bâtiments et infirmeries est armé pour le maintien de l'ordre et pour la défense des blessés ou malades, ainsi que le fait de la présence à bord d'une installation radio-télégraphique.

Art. 9. — Les belligérants pourront faire appel au zèle charitable des commandants de bâtiments de commerce, yachts ou embarcations neutres, pour prendre à bord et soigner des blessés ou des malades.

Les bâtiments qui auront répondu à cet appel, ainsi que ceux qui spontanément auront recueilli des blessés, des malades ou des naufragés, jouiront d'une protection spéciale et de certaines immunités. En aucun cas, ils ne pourront être capturés pour le fait d'un tel transport ; mais, sauf les promesses qui leur auraient été faites, ils restent exposés à la capture pour les violations de neutralité qu'ils pourraient avoir commises.

ART. 10. — Le personnel religieux, médical et hospitalier de tout bâtiment capturé est inviolable et ne peut être fait prisonnier de guerre. Il emporte, en quittant le navire, les objets et les instruments de chirurgie qui sont sa propriété particulière.

Ce personnel continuera à remplir ses fonctions tant que cela sera nécessaire et il pourra se retirer lorsque le commandant en chef le jugera possible.

Les belligérants doivent assurer à ce personnel tombé entre leurs mains les mêmes allocations et la même solde qu'au personnel des mêmes grades de leur propre marine.

ART. 11. — Les marins et les militaires embarqués, et les autres personnes officiellement attachées aux marines ou aux armées, blessés ou malades, à quelque nation qu'ils appartiennent, seront respectés et soignés par les capteurs.

ART. 12. — Tout vaisseau de guerre d'une partie belligérante peut réclamer la remise des blessés, malades ou naufragés, qui sont à bord de bâtiments-hôpitaux militaires, de bâtiments hospitaliers de Sociétés de secours ou de particuliers, de navires de commerce, yachts et embarcations, quelle que soit la nationalité de ces bâtiments.

ART. 13. — Si des blessés, malades ou naufragés sont recueillis à bord d'un vaisseau de guerre neutre, il devra être pourvu, dans la mesure du possible, à ce qu'ils ne puissent pas de nouveau prendre part aux opérations de la guerre.

ART. 14. — Sont prisonniers de guerre les naufragés, blessés ou malades d'un belligérant qui tombent au pouvoir de l'autre. Il appartient à celui-ci de décider, suivant les circonstances, s'il convient de les garder, de les diriger sur un port de sa nation, sur un port neutre, ou même sur un port de l'adversaire. Dans ce dernier cas, les prisonniers ainsi rendus à leur pays ne pourront servir pendant la durée de la guerre.

ART. 15. — Les naufragés, blessés ou malades, qui sont débarqués dans un port neutre, du consentement de l'Autorité locale, devront, à moins d'un arrangement contraire de l'Etat neutre avec les États belligérants, être gardés par l'Etat neutre

6

de manière qu'ils ne puissent pas de nouveau prendre part aux opérations de la guerre.

Les frais d'hospitalisation et d'internement seront supportés par l'État dont relèvent les naufragés, blessés ou malades.

Art. 16. — Après chaque combat, les deux parties belligérantes, en tant que les intérêts militaires le comportent, prendront des mesures pour rechercher les naufragés, les blessés et les malades et pour les faire protéger, ainsi que les morts, contre le pillage et les mauvais traitements.

Elles veilleront à ce que l'inhumation, l'immersion ou l'incinération des morts soit précédée d'un examen attentif de leurs cadavres.

Art. 17. — Chaque belligérant, enverra dès qu'il sera possible, aux Autorités de leur pays, de leur marine ou de leur armée, les marques ou pièces militaires d'identité trouvées sur les morts et l'état nominatif des blessés ou malades recueillis par lui.

Les belligérants se tiendront réciproquement au courant des internements et des mutations, ainsi que des entrées dans les hôpitaux et des décès survenus parmi les blessés et malades en leur pouvoir. Ils recueilleront tous les objets d'un usage personnel, valeurs, lettres, etc., qui seront trouvés dans les vaisseaux capturés, ou délaissés par les blessés ou malades décédés dans les hôpitaux, pour les faire transmettre aux intéressés par les Autorités de leur pays.

Art. 18. — Les dispositions de la présente Convention ne sont applicables qu'entre les Puissances contractantes et seulement si les belligérants sont tous parties à la Convention.

Art. 19. — Les commandants en chef des flottes des belligérants auront à pourvoir aux détails d'exécution des articles précédents, ainsi qu'aux cas non prévus, d'après les instructions de leurs Gouvernements respectifs et conformément aux principes généraux de la présente Convention.

Art. 20. — Les Puissances signataires prendront les mesures nécessaires pour instruire leurs marines, et spécialement le personnel protégé, des dispositions de la présente Convention et pour les porter à la connaissance des populations.

Art. 21. — Les Puissances signataires s'engagent également à prendre ou à proposer à leurs législatures, en cas d'insuffisance de leurs lois pénales, les mesures nécessaires pour réprimer en temps de guerre les actes individuels de pillage et de mauvais traitements envers des blessés et malades des marines, ainsi que pour punir, comme usurpation d'insignes militaires, l'usage abusif des signes distinctifs désignés à l'article 5 par des bâtiments non protégés par la présente Convention.

Elles se communiqueront, par l'intermédiaire du Gouvernement des Pays-Bas, les dispositions relatives à cette répression, au plus tard dans les cinq ans de la ratification de la présente Convention.

ART. 22. — En cas d'opérations de guerre entre les forces de terre et de mer des belligérants, les dispositions de la présente Convention ne seront applicables qu'aux forces embarquées.

ART. 23. — La présente Convention sera ratifiée aussitôt que possible.

Les ratifications seront déposées à la Haye.

Le premier dépôt de ratifications sera constaté par un procès-verbal signé par les représentants des Puissances qui y prennent part et par le Ministre des Affaires Étrangères des Pays-Bas.

Les dépôts ultérieurs de ratifications se feront au moyen d'une notification écrite, adressée au Gouvernement des Pays-Bas et accompagnée de l'instrument de ratification.

Copie certifiée conforme du procès-verbal relatif au premier dépôt de ratifications, des notifications mentionnées à l'alinéa précédent, ainsi que des instruments de ratification, sera immédiatement remise par les soins du Gouvernement des Pays Bas et par la voie diplomatique aux Puissances conviées à la Deuxième Conférence de la Paix, ainsi qu'aux autres Puissances qui auront adhéré à la Convention. Dans les cas visés par l'alinéa précédent, ledit Gouvernement leur fera connaître en même temps la date à laquelle il a reçu la notification.

ART. 24. — Les Puissances non signataires qui auront accepté la Convention de Genève du 6 juillet 1906 sont admises à adhérer à la présente Convention.

La Puissance qui désire adhérer notifie par écrit son intention au Gouvernement des Pays-Bas en lui transmettant l'acte d'adhésion qui sera déposé dans les archives dudit Gouvernement.

Ce Gouvernement transmettra immédiatement à toutes les autres Puissances copie certifiée conforme de la notification ainsi que de l'acte d'adhésion, en indiquant la date à laquelle il a reçu la notification.

ART. 25. — La présente Convention, dûment ratifiée, remplacera, dans les rapports entre les Puissances contractantes, la Convention du 29 juillet 1899 pour l'adaptation à la guerre maritime des principes de la Convention de Genève.

La Convention de 1899 reste en vigueur dans les rapports entre les Puissances qui l'ont signée et qui ne ratifieraient pas également la présente Convention.

ART. 26. — La présente Convention produira effet pour les Puissances qui auront participé au premier dépôt de ratifications, soixante jours après la date du procès-verbal de ce dépôt, et, pour les Puissances qui ratifieront ultérieurement ou qui adhéreront, soixante jours après que la notification de leur ratification ou de leur adhésion aura été reçue par le Gouvernement des Pays-Bas.

ART. 27. — S'il arrivait qu'une des Puissances contractantes voulût dénoncer la présente Convention, la dénonciation sera notifiée par écrit au Gouvernement des Pays-Bas, qui communiquera immédiatement copie certifiée conforme de la notification à toutes les autres Puissances, en leur faisant savoir la date à laquelle il l'a reçue.

La dénonciation ne produira son effet qu'à l'égard de la Puissance qui l'aura notifiée et un an après que la notification en sera parvenue au Gouvernement des Pays-Bas.

ART. 28. — Un registre tenu par le Ministère des Affaires Étrangères des Pays-Bas indiquera la date du dépôt des ratifications effectué en vertu de l'article 23, alinéas 3 et 4, ainsi que la date à laquelle auront été reçues les notifications d'adhésion (article 24, alinéa 2) ou de dénonciation (article 27, alinéa 1er).

Chaque Puissance contractante est admise à prendre connaissance de ce registre et à en demander des extraits certifiés conformes.

En foi de quoi, les Plénipotentiaires ont signé la présente Convention et l'ont revêtue de leurs cachets.

Fait à la Haye, le dix-huit octobre mil neuf cent sept, en un seul exemplaire, qui restera déposé dans les archives du Gouvernement des Pays-Bas et dont des copies, certifiées conformes, seront remises par la voie diplomatique aux Puissances qui ont été conviées à la Deuxième Conférence de la Paix.

TABLE ANALYTIQUE DES MATIÈRES

INTRODUCTION

Exposé historique. — Notion générale de l'assistance charitable, p. 1 ; Origine du service de santé militaire, p. 1 ; Origine de l'entente internationale, p. 2 ; Initiatives d'Henri Dunant et de la Société genevoise d'utilité publique, p. 3. — Conférence officieuse de Genève (1863), p. 3 ; Campagne du Comité international, p. 4 ; Conférence et Convention de Genève de 1864, p. 4 : ses lacunes, p. 4. — Conférence et Articles additionnels de Genève de 1868, p. 5. — Conférence et Convention de la Haye de 1899, p. 5. — Revision de la Convention de Genève, p. 6 ; campagne des Sociétés de secours, p. 6 ; Conférence et Convention de Genève de 1906, p. 7. — Revision de la Convention de la Haye, p. 7 ; Conférence et Convention de la Haye de 1907, p. 8.

Conventions de la Croix-Rouge. — Sphères d'application respectives : guerre internationale et guerre civile, p. 8 ; indifférence du caractère des guerres internationales au point de vue de l'application des Conventions, p. 9 ; États contractants et non contractants, p. 9 ; États signataires et États adhérents, p. 10 ; guerre maritime et guerre continentale, p. 13 ; concurrence des différentes Conventions, p. 13 ; dispositions conventionnelles et règles coutumières, p. 14.

Sociétés de secours. — Organisation du service de santé militaire, p. 15 ; éléments officiels et privés, p. 16 ;

PREMIÈRE PARTIE

L'assistance charitable dans les guerres continentales

CHAPITRE Ier

LA CONVENTION DE GENÈVE DE 1864.

CHAPITRE II

LA CONVENTION DE GENÈVE DE 1906.

DEUXIÈME PARTIE

L'assistance charitable dans les guerres maritimes.

Caractères particuliers de l'action hospitalière dans la guerre navale : nécessité d'une organisation sanitaire spéciale, p. 77 ; conciliation des principes de la Croix-Rouge avec les règles de la guerre maritime par les Conventions de la Haye, p. 78.

CHAPITRE Ier

LA CONVENTION DE LA HAYE DE 1899.

A. — *Bâtiments susceptibles d'une affectation hospitalière :* a) Bâtiments-hôpitaux militaires, construits ou aménagés par les États, p. 79 ; b) Bâtiments hospitaliers, équipés en totalité ou en partie aux frais des particuliers ou des Sociétés de secours officiellement reconnues chez les belligérants, p. 79 ; c) Bâtiments hospitaliers neutres, appartenant à des particuliers ou des Sociétés de secours officiellement reconnues chez les neutres, p. 81. — Distinction entre les navires belligérants, d'État ou privés, et les navires neutres, p. 81. — Bâtiments hospitaliers dans la guerre russo-japonaise de 1904-1905, p. 82.

B. — *Conditions de l'affectation hospitalière :* a) Bâtiments d'État, p 82 ; b) Bâtiments privés, belligérants ou neutres : commission officielle, p. 82 ; c) Notification des noms des bâtiments hospitaliers, p. 83 ; d) Caractère indélébile de l'affectation : peinture extérieure des bâtiments, p 84 ; rappel des navires neutres par leur gouvernement, p. 86 ; e) Obligation d'arborer le drapeau de la Croix-Rouge, p. 86 ; exclusion du Croissant-Rouge, p. 87 ; signe distinctif de nuit : pratique russe en 1904-1905, p. 87 ; obligation complémentaire d'arborer le pavillon national, p. 88. — Usage du code international des signaux, p. 88.

CHAPITRE II

LA CONVENTION DE LA HAYE DE 1907.

CONCLUSION

Esprit du droit hospitalier international. Conciliation des devoirs d'humanité avec les nécessités de la guerre, p. 154. — Conséquences qui en découlent : devoirs du personnel protégé, p. 156 ; devoirs des autorités militaires, p. 156. — Sanction du droit hospitalier international, p. 157.

DOCUMENTS ANNEXES

Paris. — Société française d'Imprimerie et de Librairie.

Contraste insuffisant

www.ingramcontent.com/pod-product-compliance
Lightning Source LLC
Chambersburg PA
CBHW070545200326
41519CB00013B/3126